La potencia afectiva

ALICIA VALDÉS, SARA TORRES,
JUAN EVARISTO VALLS BOIX Y MARTA ECHAVES

La potencia afectiva

Deseo, cuerpo y emociones

Coordinado por Alicia Valdés

ALICIA VALDÉS, SARA TORRES, JUAN EVARISTO VALLS BOIX Y
MARTA ECHAVES. *La potencia afectiva. Deseo, cuerpo y emociones*
Editorial Continta Me Tienes, colección **La pasión de Mary Read**,
serie #Cuerpas

Primera edición: abril de 2025

Edición a cargo de Sandra Cendal

252 pp., 13 x 18 cm.
Depósito legal: NA 316-2025
ISBN: 978-84-19323-31-6
IBIC: FFK Feminismo

Colección La pasión de Mary Read, n° 58

Continta Me Tienes
C/ Belmonte de Tajo 55, 3° C
28019, Madrid
91 469 35 12 ~ info@contintametienes.com
www.contintametienes.com
X @Continta_mt f ContintaMeTienes @contintametienes

FSC
www.fsc.org
MIXTO
Papel procedente de
fuentes responsables
FSC® C107210

Con la colaboración de:

INSTITUT
D'HUMANITATS
DE BARCELONA

LA POTENCIA AFECTIVA

Alicia Valdés, Sara Torres,
Juan Evaristo Valls Boix y Marta Echaves

Índice

Nota preliminar

Afectadísimas

El libro que tienes en tus manos es el resultado de los diálogos y clases que se dieron antes, durante y después del curso «El gir afectiu», que tuvo lugar en el invierno de 2024 en el Institut d'Humanitats de Barcelona. Durante meses, las cuatro personas que aquí escribimos nos hemos adentrado en diferentes conversaciones compartidas y soliloquios en los que hemos tratado de acercarnos a pensar los afectos desde una perspectiva crítica. Durante este tiempo, ha tenido lugar «Afectadísimas», un espacio virtual, un no-lugar para el pensamiento en el que hemos puesto sobre una mesa inmaterial retales críticos con los que tejer los textos que ahora son vuestros.

Estos textos no tienen por objetivo sentar verdades absolutas, una teoría homogénea o un conocimiento universal, sino plantear diferentes perspectivas desde las que poder jugar y explorar a través de una actitud crítica. Este libro puede comprenderse como el intento de compartir una pequeña introducción heterodoxa y heterogénea a las teorías afectivas, lo que proponen, a qué se enfrentan y, sobre todo, ver cuáles son sus aplicaciones prácticas. Así, este volumen recoge y amplía lo trabajado durante las sesiones del curso que nombrábamos al principio. Pero no refleja fielmente lo postulado a lo largo de esas cinco sesiones. Las teorías afectivas nos recuerdan la imposibilidad de dividir mente y cuerpo en dos elementos no relacionados entre sí mas que a través de la dominación de mente sobre cuerpo. Es por ello que nos era irrealizable escribir los mismos textos, compartir las mismas ideas, desde cuerpos que mutan, se transforman y nos componen. El cuerpo como superficie de afectación es lo que nos empuja a vivir de manera diferenciada cada una de las ideas.

Si algo caracteriza estos textos es precisamente su carácter singular; cada uno de ellos posee una forma y contenido propios que no hemos querido homogeneizar. Aquí podrás encontrar ensayos, textos de corte más académico, autoteoría, recuerdos y muchas voces. Si las teorías de los afectos no pueden olvidar algo es que los afectos son experiencias que nos cruzan en nuestro día a día, y esa dimensión de la cotidianeidad (siguiendo a Kahtleen Stewart) debe estar presente cuando escribimos.

Algo que queremos dejar claro las autoras de este volumen es que este libro está escrito desde el Norte global, un espacio que de manera constante ha menospreciado, explotado y, a su vez, negado las epistemologías y saberes de un Sur global del que las teorías afectivas beben de una manera clara y directa. Los desarrollos de los mal llamados nuevos materialismos o giro afectivo son adaptaciones de saberes propios de estas denostadas cosmogonías. Este ejercicio de situación de nuestros saberes es algo que no podemos evitar hacer. Sabemos que nuestras identidades como autoras europeas tienen implicaciones claras sobre nuestras lecturas y escrituras y seguimos en deuda con las compañeras que, desde otras perspectivas, llevan décadas planteando lo que ahora se recoge en este libro. Nuestra lectura no es la única, mucho menos la correcta; es una lectura en deuda. La posibilidad de crear es, en todo caso, parcial, no podría ser de otra manea. Ningún esfuerzo teórico debe parecernos suficiente, sino que debe tener como único objetivo el generar movimiento a su alrededor. Un movimiento que necesariamente habrá de quedar corto para dar lugar al siguiente.

Este volumen se divide en cinco textos independientes. El primer escrito, «Notas sobre las teorías de los afectos», es un apartado introductorio en tono de ensayo desde el que explicar nociones básicas para adentrarnos en las teorías. Su sentido es ofrecer unas notas preliminares sobre el espacio de saberes que permiten compartir unas coordenadas desde las que pensar de manera colectiva. El objetivo es meramente introductorio, una manera de sentar las bases para las conversaciones que tienen lugar entre los textos e interludios que continúan, y corresponde a la clase introductoria del curso.

Cada uno de los siguientes cuatro textos es una reflexión independiente y transdisciplinar sobre las diferentes maneras en las que se puede pensar, hacer y sentir sobre los afectos. A cada texto lo acompaña un interludio escrito por otra de las autoras, dando lugar a una conversación sin respuesta que busca generar nuevos rincones, pliegues y recovecos desde los que poder pensar parcialmente a partir de voces ajenas.

El segundo texto, «Pensar el afecto. Somatofobia, ansiedad y vitalidades *cuir-crip*», fue escrito por Sara Torres. En él nos adentramos en el miedo que provocan los cuerpos y en cómo la ansiedad actúa como la única respuesta a esa situación de incomodidad en la que nos sitúa el cuerpo. De esta manera, los cuerpos generan afectos que pueden ser catalogados en una escala jerárquica. El tercer escrito, «En defensa de los afectos negativos (fábulas sobre el poder del corazón)», sale de las manos de Juan Evaristo Valls

Boix. Si pensar los afectos con Sara Torres nos lleva necesariamente a pensar sobre cómo estos se adhieren a las superficies de nuestros cuerpos, Juan Evaristo pone sobre la mesa cómo esos afectos son a su vez divididos entre negativos y positivos, marcando así qué cuerpos son perezosos y cuáles son capaces de producir riqueza. Esas adherencias entre afectos y cuerpos se utilizan como una estrategia para ordenarnos. ¿Qué cuerpos pueden acercarse a los afectos violentos? ¿Cuáles pueden acceder a los vinculados al cuidado? Marta Echaves pone estas cuestiones sobre la mesa en el cuarto texto, «Afectos inadecuados. Algunas notas sobre *la Mal*», cuestionando las clasificaciones corporales que emergen de la distribución de los afectos posibles. Por último, en el cuarto capítulo, «Hacia afectos sin palabras. Los límites de mi habla», Alicia Valdés plantea el agotamiento que puede producir una proliferación de discursos sobre los afectos en un momento donde los propios afectos se vuelven fuente de recursos y capital.

Notas para una teoría sobre los afectos

Alicia Valdés

Cada vez más, los afectos forman parte de nuestras conversaciones. Sin embargo, la repetición de una palabra en nuestra cotidianeidad no implica que sepamos qué significa esa palabra o a qué nos referimos cuando la usamos. La palabra libertad es ejemplo de ello. En diferentes posiciones del espectro ideológico, esta palabra ocupa un espacio central, pero el significante tiene diferentes significados según donde se escuche. Algo así pasa también con los afectos: hablamos de ellos, los nombramos también con la palabra emoción, los maleamos, los incluimos en nuestras conversaciones. No obstante, tengo la sensación de que cuanto más nombramos algo, cuanta mayor capacidad tenemos para observarlo, señalarlo y categorizarlo, menos capacidad de comprensión tenemos del fenómeno al que apuntamos. Quizás Lacan tenía razón: el significante es la muerte de la cosa.

Resulta entonces muy difícil hablar de aquello que no queremos que sea (de)limitado. Es una posición contradictoria y paradójica: nombrar y definir algo implica la imposición de determinadas fronteras a aquello que necesitamos poner sobre la mesa y, a su vez, necesitamos el lenguaje para poder hacer visible en muchos planos aquello que se esfuerzan en dejar en los márgenes. Nombrar es uno de esos ejercicios que hacemos desde una posición de sumisión al lenguaje, una sumisión que tratamos de desafiar, poner en jaque a través de ejercicios de disidencia: neologismos, juegos de palabras, palabras sin definición, siglas, poesía. Modos de estrangular el lenguaje para intentar que este nos permita hablar, pero sin delimitar. ¿Se puede nombrar sin definir?, ¿es posible nombrar sin clasificar? ¿Son posibles las definiciones dinámicas, las palabras que solo nombran temporalmente? Definir qué es algo implica también definir qué no lo es. Cualquier definición de un fenómeno implica a su vez su limitación, construir fronteras y clasificar qué está dentro y qué está fuera de las mismas. El ejercicio de definir implica entonces, necesariamente, un ejercicio de poder que emana de la capacidad de clasificación.

Estas son algunas de las complejas cuestiones que nos abordan a la hora de contestar a la pregunta «¿qué son los afectos?». Esta introducción no busca dar una definición fija, estática y completa de los afectos, pero sí entiende que, a la hora de hablar de un fenómeno complejo como este, crear un glosario compartido hace que podamos construir de manera colectiva y poner en común aquello que generamos. Si deseamos adentrarnos de la mano en lo que podríamos llamar «teorías afectivas» son necesarias algunas coordenadas básicas desde las que poder movernos juntas. Qué son los afectos, qué son las emociones o por qué se han contrapuesto a elementos como la mente o la razón son algunas de las cuestiones que plantearé en esta introducción para que cada una de nosotras cree su propio mapa a través de coordenadas compartidas. Las definiciones que usaré a lo largo de mis textos no son más que algunos apuntes cuyo único objetivo es el de poder saber a qué nos referimos, tener un significante común que cada una de vosotras pueda observar desde el (o los) punto de vista teórico que os parezca más interesante.

Tiene sentido entonces empezar nuestro mapa por saber a qué nos referimos con teorías afectivas. Con esta denominación me refiero a lo que comúnmente se ha entendido como giro afectivo, es decir, a la pluralidad de visiones y posicionamientos heterogéneos que tienen en común la centralidad de los afectos como elemento de análisis. La razón por la que usaré «teoría afectiva» en vez de «giro afectivo» es porque este segundo término señala un aspecto novedoso a aquellas teorías que ponen en el centro los afectos y aquello que no responde a la lógica de la razón. Sin embargo, la centralidad de los afectos es un elemento básico de las cosmogonías del Sur global y ha estado presente en el Norte global desde los tiempos de Spinoza. En´otras palabras, la dimensión novedosa de estas teorías podría ponerse en duda. Asimismo, el concepto «giro afectivo» ha sido vinculado a un movimiento teórico con una dimensión disidente o feminista dentro de sus preceptos. Con «teorías afectivas» intento señalar que no todas las teorías que ponen en el centro los afectos tienen un deseo subversivo o un ímpetu feminista. Podemos encontrar muchas teorías afectivas que han tenido como objetivo la movilización de afectos para conseguir adhesión a ideas autoritarias o capitalistas. Sin ir más lejos, la propaganda de Goebbels o la publicidad podrían clasificarse como cuerpos teóricos con una clara práctica afectiva que buscan la movilización instrumentalizada de afectos con objetivos muy lejos de los marcados por las teorías y prácticas feministas.*

---

* En este texto no indagaré en la movilización de afectos con fines políticos, pero sí es necesario tener en cuenta que este fenómeno es clave para entender la adhesión contemporánea a muchas corrientes de pensamiento.

Así, cuando hablo de teorías afectivas me refiero a los trabajos que sitúan en el centro las emociones, los afectos y los sentimientos a la hora de analizar la constitución del cuerpo, la subjetividad y las relaciones sociales. Dentro de toda esta amalgama encontramos teorías y prácticas críticas con el poder que ven el potencial disidente de un análisis afectivo y otras sumisas que buscan su continuación y que utilizan la movilización de afectos como herramienta para el lucro y el beneficio propio. Este compendio de artículos que tienes entre manos se sitúa en el primer grupo y tiene como objetivo analizar cuáles son el lugar, la importancia y la función de los afectos en determinados espacios en los que tradicionalmente habían quedado relegados a un segundo plano y cómo llevarlos a la práctica de manera crítica. Para poder situar estas teorías en el centro, es necesario poner sobre la mesa algunos elementos comunes a todas ellas.

El cuerpo, espacio de afectación

El cuerpo es un elemento esencial en las teorías afectivas. La relación entre afecto y cuerpo es muy estrecha porque se parte de la premisa de que los cuerpos están definidos por su capacidad de afectar y ser afectados. Continuamente, se producen encuentros entre cuerpos y estos acercamientos conllevan cambios en sus capacidades. Entender estas aproximaciones corporales como un elemento continuo, como una dimensión más, permite que entendamos los cuerpos como elementos relacionales, dinámicos y fluidos. Los cuerpos pueden observarse como unas superficies perforadas, agujereadas, caracterizadas por su porosidad. El cuerpo ya no es un elemento invariable, es un proceso en una constante actividad recíproca no simétrica (no todas afectamos y somos afectadas de la misma manera). Con «cuerpo» no nos referimos únicamente a aquellos etiquetados como humanos, los cuerpos pueden ser orgánicos o inorgánicos, humanos o no-humanos. Esta apertura del concepto nos permite también ir más allá y ver cómo los objetos y sus superficies también nos afectan.*

Las teorías afectivas que sitúan en el centro de la cuestión los afectos y los cuerpos se enfrentan de manera clara al paradigma tradicional que los relega como elementos no relevantes. Estos paradigmas clásicos colocaban al cuerpo y a las emociones en un espacio periférico no relevante debido a que estos elementos se entendían como antagónicos a la mente y a la razón respectivamente. Es decir, las emociones (afectos) se entienden desde esta perspectiva como la antítesis de la razón. En una cultura ilustrada que ensalza la

---

* Retomaremos esta idea de los cuerpos más allá de lo humano cuando nos adentremos en los nuevos materialismos.

razón por encima del resto de elementos, las emociones se convirtieron así en un elemento a evitar, algo de lo que escapar: no podemos dejarnos llevar por lo que sentimos, debemos controlarlo a través de la razón. Esta argumentación está presente también en la contraposición entre cuerpo y mente. La mente ha de poder controlar el cuerpo puesto que la primera es necesariamente más poderosa que el segundo. El actual «si quieres, puedes» es el heredero universal de ese pensamiento que no recoge el cuerpo como un elemento central de nuestra acción. En este punto es inevitable incluir la dimensión genérica del asunto. El cuerpo y las emociones han sido continuamente vinculados a mujeres y personas no blancas. Sujetos de segundo nivel debido a su alta dependencia de estos elementos y su poca relación con la razón y la mente. Los afectos y sus superficies fueron (y son) articulados como elementos no relevantes, menores, que no poseen un papel importante a la hora de analizar estructuras de poder, la constitución de las subjetividades o para el análisis crítico. Este rechazo es característico en muchas corrientes de pensamiento que beben de la obra de Aristóteles, Descartes y/o Kant.

Estas contraposiciones teóricas construyen así dos dualismos entrelazados: por un lado, el de cuerpo/mente, por otro, el de afecto/razón. Cuerpo y mente son dos esencias diferentes y separadas y cada una de ellas genera a su vez un motor de acción. Desde esta perspectiva antagónica, la mente genera la razón mientras el cuerpo genera los afectos (también llamados emociones). Razón y afectos funcionan entonces como motores de actividad, pero solo la razón nos moviliza en la dirección correcta. Varias son las discusiones actuales sobre si cuerpo y mente son lo mismo, y dichas discusiones nos remontan hasta la contraposición del dualismo cartesiano y el monismo espinozista. El ordenamiento de nuestra realidad a través de dualismos y pares dicotómicos es una constante: humano/no-humano, cultura/naturaleza, hombre/mujer son algunos de los binarismos que gobiernan todo aquello cuanto nombramos y experimentamos. Ante esto, muchas autoras recogen la necesidad de pasar de los binarismos que crean otredad y relaciones de poder a formas monistas, no excluyentes y dinámicas de pensar nuestra realidad.

En este sentido, encuentro muy acertada e interesante la perspectiva desarrollada por Elizabeth Grosz sobre el dualismo cuerpo/mente. Para la autora, el dualismo es «la creencia de que existen dos tipos de "cosas" mutuamente excluyentes, físicas y mentales, cuerpo y mente, que componen el universo en general y la subjetividad en particular».* En su trabajo por

---

* Grosz, Elizabeth. *Volatile Bodies: Toward a Corporeal Feminism*. London: Routledge, Taylor & Francis Group, 2020, vii.

situar al cuerpo en el centro de la explicación y extraerlo de la periferia teórica en la que se encuentra, Grosz se inspira en el uso lacaniano de la cinta de Möbius (Ilustración 1).* Para la filósofa, «Los cuerpos y las mentes no son dos sustancias distintas ni dos tipos de atributos de una misma sustancia, sino algo intermedio entre estas dos alternativas».**

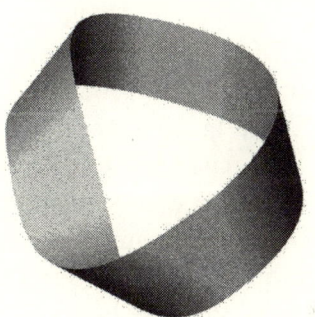

Ilustración 1

---

* Para poder crear una cinta de Möbius y entender su funcionamiento solo necesitas cortar una tira rectangular de papel; a continuación, gira 180° uno de sus extremos y une ambos extremos para formar un lazo. Esta mínima manipulación crea una figura con un solo borde y una sola cara, lo cual nos permite recorrer con el dedo toda la superficie de la cinta sin encontrarnos con ningún borde.

** Grosz, Elizabeth. *Volatile Bodies: Toward a Corporeal Feminism*. Indiana: Indiana University Press, 1994, xii..

Esta figura topológica representa la conjunción cuerpo/mente a la que podemos hacer referencia cuando dejamos atrás los dualismos. Asimismo, como señala Grosz, este modelo «ofrece también una forma de problematizar –y repensar– las relaciones entre el cuerpo y la mente, las relaciones entre el interior y el exterior del sujeto, su interior psíquico y su exterior corpóreo».* Por un lado, cuerpo y mente son la misma cara de una cinta de Möbius que parece tener dos superficies diferentes. Por otro lado, el recorrido que hace nuestro dedo por esa superficie engañosa nos demuestra que la división dentro/fuera es mucho más compleja cuando la aplicamos al cuerpo. Pongamos el contagio como ejemplo. Aquellas enfermedades que se transmiten por el tacto, por las micropartículas de saliva que son expulsadas de un cuerpo e inhaladas por otro, las conjuntivitis que pasan de ojo a ojo, la enfermedad del beso que pasa de boca a boca, nos demuestran que la porosidad, la dimensión perforada de nuestros cuerpos, no permite que establezcamos una clara línea divisoria entre lo que está dentro y lo que se sitúa fuera de los mismos. Replantearnos las relaciones entre el interior y el exterior nos acerca a la crítica feminista sobre las

---

* Grosz, Elizabeth. *Volatile Bodies: Toward a Corporeal Feminism*. Indiana: Indiana University Press, 1994, xii.

nociones de separación y de la autonomía que gobiernan las ideas hegemónicas sobre qué es el sujeto.

La filósofa Susan Bordo ha desarrollado un análisis y una crítica muy interesante desde el feminismo para entender qué suponen estas dos nociones y cómo afectan a la manera en la que el sujeto entiende su existencia. Bordo analiza cómo el giro cartesiano que caracteriza la comprensión del sujeto del Norte global implica una separación absoluta entre el sujeto y el cosmos.* Existe una clara línea divisoria entre dentro y fuera y esta se encuentra marcada por los límites del cuerpo del sujeto. En otras palabras, el sujeto cartesiano es eminentemente autónomo. La autonomía se entiende como la separación entre el sujeto y otras personas, el medio ambiente, condiciones sociales y objetos e infraestructuras que lo rodean y de los que es dependiente. Para Bordo, la negación de la interdependencia puede ser comprendida como una masculinización del sujeto, es decir, el sujeto propuesto es un sujeto arquetípicamente masculino que no gesta, que no es gestado, que no se enferma, que no se ve afectado por su entorno y que tampoco cuida. En este marco, al privilegiar la idea de la autonomía, se consigue que emerja un sujeto

---

* Bordo, Susan. «The Cartesian Masculinization of Thought», en *Signs* 11, núm. 3, 1986, 439-56.

definido por su fortaleza. No obstante, como señala Bordo, esta separación, al ser provocada, supone para el sujeto un estado de angustia y de ansiedad que terminarán por producir en el sujeto un deseo de control. Es decir, la separación del sujeto lo hunde en un espacio de soledad y de angustia que lo conduce a desarrollar dinámicas de control sobre todo aquello de lo que es dependiente. De alguna manera, el control y el poder sobre aquello de lo que somos dependientes nos genera la sensación de soberanía: puedo destruirte, ergo, tú eres quien depende de mí. Es un intento burdo de negar la dependencia al entender que esta no es real, que es debilitante y que puede ser evitada. Un ejemplo de estas dinámicas de separación, angustia y control se puede observar en la manera en la que se produjo la separación entre el ser humano y la naturaleza. Al negar la dependencia humana de la naturaleza, se permite hacer con esta lo que nos plazca (en otras palabras, hacer aquello que el mercado demanda), lo que ha provocado que esta haya podido ser controlada y explotada por el ser humano. Como muestra Carolyn Merchant en su libro *La muerte de la naturaleza*, asesinar a la madre tierra fue necesario para permitir las lógicas extractivistas y de destrucción del medio ambiente.* Algo

---

* Merchant, Carolyn. *La muerte de la naturaleza: mujeres, ecología y revolución científica*. Granada: Comares, 2020.

que, por otro lado, ha sido denunciado por diferentes autores y autoras desde el Sur global desde hace décadas.*

La necesidad de repensar el cuerpo desde unas coordenadas no dualistas se entrelaza con reclamos feministas. Las categorías duales implican la creación de jerarquías que permiten diferentes opresiones y relaciones de poder. Así, el dualismo mente y cuerpo ha implicado la supremacía de la primera sobre el segundo. Estos significantes dualistas y dicotómicos (mente y cuerpo) funcionan a su vez como primeros eslabones de cadenas lingüísticas que relacionarán elementos entre sí. De esta manera, cuerpo, pasión, femenino, animal y salvaje son entrelazados mientras la cadena conformada por mente, razón, masculino, humano y civilizado se contrapone a esta.**

---

* Viveiros de Castro, Eduardo. *La mirada del jaguar: introducción al perspectivismo amerindio; entrevistas.* 1.ª ed. Buenos Aires: Tinta Limón, 2014; Ruiz Trejo, Marisa. «Aproximaciones a los estudios críticos feministas de las ciencias sociales en México y Centroamérica», en *Revista Clepsydra* 15, 2006, 11-33; Ramnath, Maia. «Non-Western Anarchisms and Postcolonialism», en Levy, Carl y S. Adams, Matthew (eds.). *The Palgrave Handbook of Anarchism.* Cham: Springer International Publishing, 2019, 677-95.

** Estas contraposiciones centradas en el género no son un fenómeno actual, sino que se retrotraen hasta la filosofía

Es decir, los dualismos acaban por generar cadenas significantes para la conformación de estructuras de poder y exclusión. Algo que puede verse claramente en cómo funciona la idea de otredad. El dualismo nosotros y los otros implica la creación de una otredad que, como señala Sara Ahmed, siempre implica exclusión y violencia sobre el otro.*

Nuevos materialismos

La crítica a los dualismos no solo aborda la manera en la que diferentes elementos son divididos y contrapuestos, sino que también tiene que ver con la manera en la que se contraponen enfoques de análisis. Esto es observable en la manera en la que se han enfrentado los análisis materialistas a otros análisis que ponen el acento en lo discursivo. ¿Son estos dos enfoques teóricos realmente excluyentes y contrarios entre sí? Los nuevos materialismos juegan un papel crucial a la hora de ver cómo comprendemos esta cuestión.

---

antigua. Por ejemplo, la diferencia entre materia y forma en Aristóteles.

* Ahmed, Sara. *La política cultural de las emociones*. 2.ª ed. México, D.F.: Universidad Nacional Autónoma de México, 2014.

Cuando hablamos de nuevos materialismos nos referimos aquí a un término paraguas que va a englobar diferentes enfoques a la hora de examinar cuáles son las relaciones que se producen entre la materialidad y lo cultural. Estos enfoques pueden encontrarse en diferentes ámbitos, como pueden ser la filosofía, los estudios feministas o los estudios digitales. Posicionarnos bajo un término paraguas dificulta la labor de dar una única definición, por ello, es importante introducir algunas características teóricas.

La primera especificidad es el énfasis en la materialidad y la corporeidad. Desde estas perspectivas se considera que la materia no es un elemento pasivo, sino uno activo que a su vez posee una agencia. Considerar que la materia posee actividad y agencia rompe con las perspectivas humanistas antropocentristas que sitúan lo inorgánico o no humano como elementos pasivos que no poseen energía o movimiento. Considerar la materia como un agente activo implica que esta puede afectarnos, influyendo la manera en la que experimentamos la realidad y nos movemos en ella. Esta actividad propia de la materia hace que podamos considerarla desde la relacionalidad. Su capacidad de afectar y ser afectada lleva a los nuevos materialismos a subrayar la importancia de las relaciones y conexiones entre diversos elementos materiales, ya sean humanos o no humanos. Se interesan por cómo estas relaciones dan forma a la realidad y la experiencia.

Esta relacionalidad activa implica a su vez un rechazo a los dualismos puesto que no ven el cuerpo y la mente o lo material y lo discursivo como categorías que hayan de ser opuestas y excluyentes, sino que hemos de explorar la manera en la que se entrelazan y constituyen las unas a las otras. Dentro de los rechazos dualistas propios de los nuevos materialismos, es importante recalcar la importancia de la consideración de la agencia no humana en nuestra experiencia y en la construcción de la realidad. Los nuevos materialismos reconocen la agencia y la influencia de entidades no humanas, como objetos, tecnologías y fuerzas naturales. Esto implica una apertura considerable que nos empuja a pensar en cómo estas entidades participan activamente en la formación de las prácticas culturales y sociales.* Asimismo, muchas corrientes de nuevos materialismos han surgido en el ámbito del feminismo, y se preocupan por cuestiones de género y sexualidad, abogando por una revisión de las concepciones tradicionales de la subjetividad

---

* Esto es fácil de observar cuando nos acercamos al xenofeminismo y el ciberfeminismo, corrientes que tienen en cuenta cómo lo digital, lo objetual y lo abyecto se encuentran absolutamente imbricados en nuestras actuales prácticas culturales y sociales.

y la corporeidad, desafiando las normas binarias y explorando diversas formas de materialidad en las experiencias de género. Algunas de las autoras clave para adentrarse en los nuevos materialismos feministas son Rosi Braidotti y Donna Haraway.

Al igual que cuando hablábamos del «giro afectivo» hacíamos una crítica a cómo este giro no era una cosa novedosa, sino un elemento fundamental de algunas cosmogonías del Sur global, el término «nuevo» delante de materialismos también invisibiliza la labor teórica del Sur global sobre los materialismos. Lo que implementamos como una novedad intrigante desde el Norte global es un elemento propio de otras cosmogonías que son silenciadas desde nuestras epistemologías. Un ejemplo es la manera en la que la actividad de elementos no-humanos está presente en el perspectivismo amerindio propuesto por Eduardo Viveiros de Castro y Tânia Stolze Lima.* Quizás, un término más correcto sería el de materialismos decoloniales.

Estos *nuevos* materialismos tienen diferentes teorizaciones y puestas en práctica. Una de sus aplicaciones más extendidas es la que podemos encontrar en el realismo especulativo, un enfoque que trata de desa-

---

* Viveiros de Castro, Eduardo. *La mirada del jaguar: introducción al perspectivismo amerindio; entrevistas.* 1.ª ed. Buenos Aires: Tinta Limón, 2014.

rrollar un nuevo análisis de la realidad, la existencia y la naturaleza mediante el cuestionamiento de qué es lo que existe y qué es lo real. Los objetos, su naturaleza y la manera en la que estos se relacionan ocupan un espacio central en su análisis. En el realismo especulativo, el significante objeto no refiere a lo que comúnmente hemos nombrado con esta palabra (elemento generalmente inerte). Hablamos de elementos activos y con agencia que no se reducen al objeto físico, sino que podemos encontrar objetos abstractos, compuestos, sociales o virtuales. Desde esta perspectiva, el dualismo objeto/sujeto que supone una relación de poder en la que el sujeto es total conocedor de un objeto pasivo se desintegra. Se argumenta que los objetos tienen una existencia independiente, más allá de nuestra percepción o conocimiento de ellos. De hecho, los objetos no van a ser definidos por aquello que podamos decir de ellos, es decir, por las características a las que podemos acceder los humanos, sino que tienen su propia naturaleza y unas relaciones entre ellos. Dentro del realismo especulativo encontramos a su vez la ontología orientada al objeto (OOO), que es una perspectiva filosófica y conceptual en la que se organiza el conocimiento en torno a objetos individuales y sus interacciones.*

---

* *Hacia el realismo especulativo: ensayos y conferencias.* 1.ª ed., 1.ª reimp. Buenos Aires: Caja Negra Editora, 2019.

Otra de las teorizaciones más extendidas de los nuevos materialismos es la de los nuevos feminismos materialistas. Estos se plantean como una reacción crítica a un postestructuralismo que enfatiza excesivamente el rol del discurso, de lo simbólico y del lenguaje en la construcción de la realidad, dejando de lado la importancia de la materialidad. En mi opinión, el problema de esta crítica y cómo se ha articulado es que vuelve a caer en el dualismo entre discurso y materialidad a la vez que lo refuerza desde una postura feminista. Cabría preguntarse aquí si realmente las críticas postestructuralistas buscan olvidar la materialidad o hacer que esta pierda fuerza en las teorizaciones. En este sentido, opino que existe un falso debate en torno a si uno de los dos enfoques es el adecuado para nuestro análisis. Este falso debate nos sitúa en una posición en la que, de manera forzosa y descarnada, debemos posicionarnos en uno de estos paradigmas y convertirnos en auténticas feligresas de una especie de monoteísmo religioso que establece que solo podemos utilizar una corriente de pensamiento para nuestros análisis, dejando de nuevo a un lado apartada y denostada la transdisciplinariedad. De esta manera, no solo se nos obliga a un monoteísmo teórico, sino que, además, se nos acaba forzando a categorizar a autoras y teóricas en una única corriente de pensamiento. Pensemos en estos términos en el trabajo de le filósofe Judith Butler.

Cuando Butler apunta a la performatividad del género a través de su trabajo, no está arrojando luz o poniendo únicamente el foco en la manera en la que el discurso actúa, sino que también enfatiza la importancia de la materialidad corporal.* Es decir, el discurso actúa sobre una superficie, afecta, y para analizar ese impacto, es necesario tener en cuenta la materialidad.

Lo problemático de enfrentar un postestructuralismo que pone el acento sobre el discurso y un nuevo feminismo materialista es que se parte de una posición que afirma que lo cultural y lo lingüístico son elementos abstractos que se contraponen necesariamente a lo material. Si desde el giro afectivo y desde los nuevos materialismos se opone un rechazo frontal a los dualismos, tendría sentido preguntarnos si lo discursivo y lo cultural no son también material. Desde un realismo especulativo podríamos entender que los fenómenos discursivos son también objetos no tangibles y sociales. Asimismo, podríamos plantearnos también que la materialidad de un fenómeno no radica tanto en su origen sino en los efectos que este tiene. De esta manera, el discurso es material

---

* Butler, Judith. *El género en disputa: el feminismo y la subversión de la identidad*. 1.ª ed. 12.ª reimp. Barcelona: Paidós, 2020.

en cuanto que sus consecuencias son consecuencias materiales. No existe discurso sin superficie sobre la que poder actuar.

Para *bajar* este dualismo a la realidad y ver cómo opera en nuestros debates sobre la praxis política, podemos acercarnos al eterno debate entre el reconocimiento y la distribución. Un debate que ya protagonizaron Nancy Fraser y Judith Butler hace años y que sigue teniendo una completa vigencia.* Una distribución que no reconoce no es una distribución igualitaria y, a su vez, un reconocimiento sin distribución tampoco sería un reconocimiento real. En este sentido, la manera en la que la cinta de Möbius representaba el continuo cuerpo-mente también puede aplicarse a la hora de demostrar el continuo material-discursivo.

Afecto y emoción

A lo largo de este texto he usado de manera indistinta las palabras emoción y afecto, puesto que, dependiendo de la autora a la que hacemos referencia, los

---

* Butler, Judith y Fraser, Nancy. *¿Redistribución o reconocimiento?: un debate entre marxismo y feminismo*. Madrid: Traficantes de Sueños, 2016

afectos son muchas veces denominados como emociones. Sin embargo, esta equivalencia entre ambos términos o fenómenos no es aceptada por todas las autoras a las que podemos englobar en estos cuerpos teóricos. De hecho, el debate que pivota en torno a la cuestión de si afectos y emociones son lo mismo es uno de los debates más vivos dentro de las teorías afectivas. En este sentido, Sara Ahmed es una de las máximas exponentes en la corriente que trata afecto y emoción de manera indistinta, mientras que Brian Massumi es uno de los autores más relevantes de la corriente que considera que ambos elementos son diferentes. Observemos sus posiciones teóricas y sus consecuencias.

En su conocido texto «The Autonomy of Affect», Brian Massumi nos presenta una noción de los afectos que no es equivalente a la de emociones, dibujando así una clara diferencia entre ambos términos.* Su teoría sobre los afectos bebe directamente del trabajo de Gilles Deleuze y de Baruch Spinoza. Para Massumi, los afectos pueden comprenderse como intensidades corporales cuya mayor característica es que estas poseen una absoluta autonomía con respecto a códigos sociales y lenguaje. Es decir,

---

* Massumi, Brian. *Parables for the Virtual: Movement, Affect, Sensation.* London: Duke University Press, 2021.

podríamos afirmar que para Massumi los afectos son elementos prediscursivos, no codificables, que se encuentran en el cuerpo y cuya expresión tiene lugar a través de intensidades. Estas intensidades pueden observarse en la dilatación de las pupilas ante un estímulo, las respuestas eléctricas de la piel o los cambios en la velocidad del latido del corazón ante situaciones de peligro, entre otras dimensiones corporales. En su texto, el autor trata de ilustrar esta autonomía del afecto y su separación de las emociones rescatando un experimento en el que se mostraba un vídeo de una historia a unos infantes. El vídeo se muestra acompañado y no acompañado de un relato que explica las imágenes. En el análisis de los resultados, Massumi afirma que existe una clara diferencia entre cómo las imágenes eran percibidas a través de las intensidades del cuerpo cuando estas no tenían un relato hablado detrás y qué ocurría cuando estas sí contaban con este relato de fondo. A través de su análisis, Massumi declara que los afectos (entendidos estos como intensidades del cuerpo) son diferentes de la codificación de estos afectos en emociones a través del lenguaje. Es decir, podríamos afirmar que los afectos son desvirtuados cuando son codificados en emociones a través del lenguaje. La autonomía del afecto con respecto a los códigos culturales y lingüísticos es lo que permite a Massumi diferenciarlos claramente de las emociones. Para el autor, establecer una equivalencia entre afectos y emociones es un error que consigue que no se acabe de desarrollar una filosofía propia de los afectos, lo cual provoca que las nociones propias de la psicología y de las emociones inunden el campo afectivo.

Massumi basará su diferencia entre afecto y emoción en torno a la idea de cómo las emociones son el resultado de una codificación lingüística y discursiva de los afectos. Mientras los afectos pueden medirse de manera objetiva a través de pruebas como la medición del pulso del sujeto, las emociones son el resultado de una codificación lingüística:

> Una emoción es un contenido subjetivo, la fijación sociolingüística de la cualidad de una experiencia que a partir de ese momento se define como personal. La emoción es intensidad cualificada, el punto convencional y consensuado de inserción de la intensidad en progresiones formadas semántica y semióticamente, en circuitos narrativizables de acción-reacción, en función y significado. Es la intensidad poseída y reconocida. Es crucial teorizar la diferencia entre afecto y emoción. Si algunos tienen la impresión de que el afecto ha disminuido, es porque no está cualificado. Como tal, no se puede poseer ni reconocer y, por tanto, es resistente a la crítica.*

---

* Massumi, Brian. *Parables for the Virtual: Movement, Affect, Sensation*. Durham, London: Duke University Press, 2021, 30.

La emoción es entonces el resultado de leer los afectos desde un contexto cultural, algo que, siguiendo a Massumi, implica necesariamente la tergiversación o codificación subjetiva de algo (los afectos) que él entiende como autónomos. En este sentido, las emociones son parte de lo que podría considerarse un artefacto o sistema comunicativo construido culturalmente. Esta dimensión cultural implicaría necesariamente que las emociones podrían diferir de un sujeto a otro dependiendo de su socialización. Esto se debe a que variables como la raza, el género, la sexualidad o el contexto pueden condicionar las emociones que se dicen sentir en determinado momento. Por ejemplo, dependiendo de nuestra socialización, la muerte nos podrá generar unas emociones u otras. En contraste a este engarzado con un artefacto discursivo, los afectos y/o la afectividad serían un elemento propio del cuerpo, unas intensificaciones del mismo que no deben ser codificadas a través del lenguaje y su entramado cultural.

De esta manera, siguiendo a Massumi, podríamos comprender que la afectividad posee lo que denomina autonomía semiótica. Es decir, la afectividad tiene la capacidad de funcionar y evolucionar de manera independiente, no tiene una dependencia única y absoluta a una conexión directa con la realidad o con un significado externo predefinido. La afectividad tiene una lógica interna y una estructura propia que le permiten generar significados y desarrollarse sin una relación directa o exclusiva con el mundo exterior. De alguna manera, podemos condensar esta diferencia a una distinción básica entre las emociones como un tipo de expresión social y cultural, mientras que los afectos tienen un origen biológico y fisiológico. Massumi introducirá a su vez un tercer término: la sensación.

Para Massumi, la sensación es un tipo de experiencia no mediada, es decir, hay una dimensión de esa experiencia que no es consciente, que no puede ser expresada a través de ese artefacto discursivo/social al que hacía referencia anteriormente. Sin embargo, estas sensaciones sí están cruzadas por las experiencias vividas por el cuerpo que sostiene esas experiencias. Un ejemplo de esto podría ser el trauma. Es decir, un cuerpo puede crear respuestas (sensaciones) a determinadas situaciones desde un lugar ajeno a la consciencia.*

Ante esta posición que diferencia afecto de emoción, podemos contraponer aquel posicionamiento que considera que la diferenciación no tiene un sentido práctico real. Una de las autoras clave de este po-

---

* Indagaremos en la idea de trauma e inconsciente en el capítulo 4, dedicado a psicoanálisis y teorías del afecto.

sicionamiento es la filósofa feminista Sara Ahmed. Para Ahmed, la separación que Massumi realiza entre ambos términos es puramente analítica, es decir, que no tiene consecuencias positivas adicionales en una aplicación del giro afectivo y que, además, lo que hace es reforzar la división artificial y dicotómica entre la cultura y la naturaleza. Los afectos vendrían a ser un elemento a leer como biológico o natural mientras las emociones serían culturales. La presentación de la división entre afecto y emoción será recogida por varias autoras como una oposición antagonista que acaba reforzando dualismos como el de naturaleza/cultura.

Si la pregunta central dentro de la teoría de Brian Massumi es qué son los afectos, Ahmed parte de una cuestión diferente. En su libro *La política cultural de las emociones*, Ahmed no sitúa su interés en un estudio filosófico sobre qué son los afectos o si estos son equivalentes a las emociones, sino que su foco de estudio se sitúa en torno a la cuestión de qué hacen las emociones (término que utiliza para denominar tanto a los afectos como a las emociones al no encontrar en su división algo relevante para su análisis).*

---

* Ahmed, Sara. *La política cultural de las emociones*. 2.ª ed. México, D.F.: Universidad Nacional Autónoma de México, 2014.

Para ella, la pregunta en torno a los afectos no reside tanto en qué es una emoción o qué es un afecto, sino en qué hacen estas emociones. Para ello, Ahmed apuesta por la sociabilidad de las emociones como un paradigma diferente al modelo psicologicista desde el que observar el movimiento de las emociones.

El modelo psicologicista de las emociones considera que estas son elementos internos. Este modelo de la interioridad emocional es un elemento clave de la psicología y puede entenderse de dos maneras. La primera hace referencia a que cada una de nosotras tenemos una serie de sentimientos que son propios y que podemos expresar y exteriorizar hacia el otro, es decir, dejarlos salir. Una vez hacemos saber al otro las emociones estas se vuelven también emociones de las otras, quienes pueden (o no) responder a ellas. Este modelo de «adentro hacia afuera» es objeto de crítica para Ahmed. Según la autora, este modelo termina por psicologizar las emociones, es decir, se termina comprendiendo a las emociones como estados psicológicos, cuando las emociones son prácticas culturales y sociales.* No obstante, a su vez, Ahmed también se separa de las lecturas tradiciona-

---

* Ahmed, Sara. *La política cultural de las emociones*. 2.ª ed. México, D.F.: Universidad Nacional Autónoma de México, 2014, 32.

les y hegemónicas sobre la naturaleza social de las emociones. En este sentido, se enfrenta a la teoría de Durkheim. En la lectura de Ahmed sobre el trabajo del sociólogo francés, la filósofa afirma que el modelo propuesto por el autor

> se vuelve una teoría de la emoción como una forma social, y no como la expresión individual de uno mismo. Durkheim considera el surgimiento de la emoción en las multitudes, sugiriendo que dichos «movimientos intensos» de sentimientos «no se originan en ninguna de estas conciencias individuales particulares» (1966:4). El individuo no es ya el origen del sentimiento; el sentimiento mismo viene de fuera.*

Ahmed afirma que este modelo sociológico cae en los mismos vicios que el psicológico: en vez de un «adentro hacia afuera» nos encontramos con un «afuera hacia adentro» que se basa en la misma objetividad de la diferencia dentro/fuera, yo/el resto, individual/social. La propuesta de Ahmed sobre cómo se mueven las emociones afirma que son las emociones mismas las que determinan esa separación entre nosotros/ellos. Un ejemplo de esto es cómo las emociones

---

* Ahmed, Sara. *La política cultural de las emociones*. 2.ª ed. México, D.F.: Universidad Nacional Autónoma de México, 2014, 33.

que movilizan los discursos políticos pueden determinar si nos sentimos en un nosotros con alguien o si, por el contrario, lo situaremos en el ellos. Ahmed basa parte de su análisis en cómo discursos racistas movilizan afectos que son adheridos a un nosotros y a un ellos estableciéndose así el corte entre el dentro/fuera de este grupo de afinidad. Las emociones no son resultado de estos antagonismos, sino que los antagonismos, las separaciones y las divisiones son resultado de las emociones que adherimos a los sujetos.

El contraste entre las propuestas de Massumi y Ahmed es claro. Sin embargo, estas dos posiciones no son las únicas que podemos encontrar en torno a la cuestión sobre la equivalencia entre emoción y afecto. Hay algunas teóricas que han intentado generar puentes entre ambas posiciones. Por ejemplo, Ann Cvetkovich, en su libro *Depression: A Public Feeling*, rechaza el uso de la palabra afecto en los términos deleuzianos seguidos por Massumi y utiliza el término «como una categoría que engloba el afecto, la emoción y el sentimiento, y que incluye impulsos, deseos y sentimientos que se construyen históricamente (ya sea como emociones específicas distintas o como una categoría genérica a menudo contrapuesta a la razón)», y a continuación pasa a introducir el término sentimiento *(feeling)*:

como un término genérico que hace algo del mismo trabajo: nombrar la «materia» indiferenciada del sentimiento; abarcar las distinciones entre la emoción y el afecto, centrales en algunas teorías; reconocer la naturaleza somática o sensorial de los sentimientos como experiencias que no son solo conceptos o construcciones cognitivas. Estoy a favor de los sentimientos porque es [un término] intencionadamente impreciso, ya que mantiene la ambigüedad entre las sensaciones corporales y los sentimientos como experiencias psíquicas o cognitivas. También tiene una cualidad vernácula que se presta a explorar los sentimientos como algo que conocemos a través de la experiencia.*

Desde dónde pensar

La exposición de estos tres puntos de vista desde los que pensar la teoría del afecto supone diferentes coordenadas teóricas para pensar la práctica. No obstante, en muchos sentidos, estas tres articulaciones comparten discusiones cercanas. Massumi apuesta por la diferencia entre afecto y emoción porque considera que sin esa división la teoría cultural

---

* Cvetkovich, Ann. *Depression: A Public Feeling*. Durham, NC: Duke University Press, 2012, 4.

puede caer en una espiral no fructífera donde los afectos solo pueden ser pensados en las coordenadas marcadas por una sociedad. En este sentido, Ahmed comparte la preocupación, pero pone el foco en la psicologización de las emociones. Su preocupación no recae sobre la necesidad de distinguir entre una especie de naturaleza afectiva y una sociedad emocional, sino que muestra su temor ante una posible psicologización de las emociones y una inversión de los términos que deje de lado que las divisiones sociales son fruto de la movilización de emociones y que establezca que son las emociones las que son resultado de divisiones sociales. Su huida ante modelos psicologicistas puede verse como una oda a la indeterminación que plantea Massumi y que Cvetkovich busca resolver con la introducción de una palabra ambigua que asegure el no saber.

El debate entre estas posturas no reside en dilemas teóricos sobre si es efectiva, eficiente, necesaria o crucial la división entre afecto y emoción, en si debemos seguir a Deleuze o no. El debate reside realmente en una oposición de puntos de vista sobre si estas divisiones tienen un efecto positivo sobre la teoría cultural y el análisis crítico. A lo largo de su trabajo, Massumi enfatiza de manera constante que su división entre afecto y emoción no busca establecer una dicotomía binaria, no obstante, sus articulaciones teóricas demuestran lo contrario. Para Massumi, las emociones son codificaciones culturales y subjetivas de intensidades corporales objetivas. Este tipo de presentación teórica supone una propuesta de antagonismo entre ambos elementos. El problema no solo reside entonces en oponer afecto y emoción, sino que esta oposición acarrea otras con connotaciones racistas y sexistas. Cuerpo y naturaleza son elementos que han sido adheridos a los cuerpos femeninos y racializados a través de ideas como madre o salvaje, mientras que elementos como cultura son vinculados a sujetos blancos masculinos. ¿Puede existir una categorización diferencial entre afecto y emoción que no termine en la creación de una otredad jerárquica y excluyente? Las respuestas desde los feminismos son escépticas.

Si este primer apartado tiene algún objetivo, este no es el de establecer unas coordenadas compartidas desde las que pensar, sino facilitar una serie de nociones desde las que cada una de nosotras pueda generar sus coordenadas. Mi primera apuesta desde las teorías de los afectos se situaba más en el espacio de Ahmed, me parecía que una discusión teórica sobre la división entre afectos y emociones no era urgente ni tenía resultados positivos ante un contexto político en el que las emociones se movilizan cada día con más fuerza para instrumentalizarnos. Sin embargo, la propuesta de Massumi y la indeterminación propuesta por Cvetkovich van cogiendo fuerza a la hora de pensar de manera más compleja los afectos en la política. Si algo puede quedarnos claro sobre este paraguas de propuestas teóricas sobre las emociones o los afectos es: a) la centralidad del cuerpo y la necesidad de entender los cuerpos más allá de los orgánicos y humanos, hay cuerpos (entendidos como superficies de afectación) inorgánicos y no humanos que nos afectan, estas superficies de afectación son porosas y no permiten delimitar el dentro/fuera de la manera tradicional; b) los afectos y las emociones (independientemente de cómo las articulemos) son un elemento central dentro de los intentos por comprender y analizar la política, los fenómenos culturales y la cotidianeidad; c) el rechazo a los dualismos por las relaciones de sumisión y jerarquización que estos pueden suponer.

Las teorías de los afectos están vivas, se retuercen y están conformadas por categorías y nociones que no se dejan agarrar de una manera tan fácil y simple. Indagar en la crítica y el análisis mientras vamos de la mano con ellas nos permite trabajar desde un paradigma del no-saber, una epistemología que nos hace dudar.

Capítulo 1

Pensar el afecto:
somatofobia y vitalidades *cuir-crip**

Sara Torres

La educación de la subjetividad humana radica, en parte, en la voluntad de imponer límites. Estas barreras, cuya finalidad es perpetuar lo humano-normativo, operan tanto en los usos psíquicos de la imaginación como en la inversión de la fuerza afectiva y la energía deseante. El sistema de pensamiento humano-heterosexual, a través del cual se constituye de manera obligatoria la subjetividad occidental, determina los devenires de la potencia afectiva y la potencia de deseo, restringiéndolos a través de represión, asco y fobia hacia «lo corporal-otro». En las últimas décadas, muchxs escritorxs, desde una perspectiva feminista, decolonial, cuir y disca, han ofrecido mo-

* Parte de la investigación para este artículo se realizó gracias a una beca post doctoral de la fundación Alexander von Humboldt en Alemania.

dos de desentrañar aquello que el sistema se esfuerza por naturalizar: la razón humana heteropatriarcal.

Desde una perspectiva transdisciplinar, con aportaciones de los nuevos materialismos, el psicoanálisis y la teoría crítica, en este capítulo, basado en las ideas expuestas en la sesión que llevó por título «Ansiedad, deseo, apego: supervivencia y horizontes utópicos *cuir-crip*», voy a intentar ofrecer fugas cuir y *crip* al modo en que la razón heredada concibe la corporalidad, sus potencias y sus devenires. Poniendo especial énfasis en la ansiedad como afecto que responde a una educación en el miedo y el asco a lo corporal-material, compartiré algunas de las autoras y los textos que me han ayudado personalmente a sostener la vitalidad. Me interesa mirar hacia textos que ofrecen alternativas gozosas a la práctica del pensamiento ideológico, por su potencial para revertir la parálisis creativa que causa el miedo a no ser suficientemente «buena» o a no hablar suficientemente «bien».

El pensamiento poético: pensar el afecto, decir la vida

En el primer apartado de este libro, correspondiente a la sesión de introducción del curso que tuvo lugar en Barcelona, Alicia Valdés ofrece un marco teórico de preparación para el pensamiento que no prescribe una forma concreta de pensar el afecto, sino que estimula la posibilidad de inscribir en lo simbólico su existencia en lo real, es decir, en el orden de todo lo material y lo vivo. Creo que este tipo de aproximación a lo afectivo, que despliega un muestrario de caminos representacionales sin cerrar ruta en un sistema concreto, ofrece posibilidades de adhesión, de resistencia, e incluso de renuncia a la necesidad de conceptualizar ciertos aspectos de lo afectivo y lo vital. En conversación con aquella primera sesión que Alicia dio en vivo, quiero recuperar un término que fue mencionado y que para mí es clave a la hora de tratar de dar forma representacional a ciertas intuiciones sobre lo afectivo; ese término es «el pensamiento poético». En pocos espacios se habla de lo poético como una práctica del pensar, del generar conocimientos y también del transmitir experiencias y saberes entre nosotras. Pareciera que el pensamiento poético, asociado a una práctica de sublimación artística, tuviese que surgir siempre en soledad, en una intimidad del cuerpo que poetiza o se intensifica hacia lo poético y que luego, eso ocurrido durante la disposición a pensar de manera poética, estuviese destinado a existir como realidad aislada, no pudiendo producir una genealogía de conversaciones posteriores. En lo relativo a las prácticas de conocimiento y representación que propone el giro afectivo, creo que el pensamiento poético, como aproximación no ideológica a lo vital, es también una forma de escribir una historia colectiva que va a aparecer en términos distintos. Los términos en los que aparecerá son unos que nuestra cultura va a juzgar como sospechosos, inestables e indeterminados.

Chantal Maillard abre uno de sus libros más tempranos, *La creación por la metáfora: introducción a la razón-poética*, con unos versos de Rainer Maria Rilke que dicen: «Oscuridad de la que yo desciendo/te amo más que a la llama/ que al mundo pone límites».* En esta cita, la naturaleza del cuerpo hablante se reconoce en parentesco con la oscuridad de la «sinrazón». También se identifica la llama o luz de la razón como instrumento convencional cuyo uso es el de ordenar el plano representacional, imponiendo en lo real límites que pueden servir a intereses políticos e ideológicos. En cuanto a la razón poética propuesta por Zambrano, Maillard la entiende como una forma asistemática de la fenomenología, que persigue el contacto con las cosas en sí mismas. Esta práctica poética de la razón la define como «el ámbito donde el misterio puede aparecer como misterio, es decir, dar constancia de sí sin llegar a ser enigma, conservando su carácter sagrado».**

---

* Maillard, Chantal. *La creación por la metáfora: introducción a la razón-poética*. Barcelona: Anthropos, 1992.

** *Idem*, 12.

La preferencia del misterio sobre el enigma tiene que ver con el hecho de que la ambivalencia del misterio no requiere ser resuelta, dado que no promete una solución o decodificación posible, mientras que el enigma enuncia en sí mismo un significado oculto con la posibilidad de ser decodificado o resuelto a través del esfuerzo humano. En mi forma parcial, subjetiva y poética de entenderlo, el giro afectivo nos invita a una conversación interdisciplinar donde ciencia, política y poesía pierden los límites preestablecidos, buscando modos comprometidos de representación. Tales modos de representación buscan sostener la ambigüedad y el misterio de la realidad y la vitalidad cambiante, a la vez que se esfuerzan por generar conversaciones y alianzas que nos permitan hacer refugios efectivos para la vida en un Antropoceno cada día más hostil.[*]

Podemos entonces empezar diciendo que los términos poéticos, más cerca de lo pasional que de lo «razonable», son términos *a priori* sospechosos para los sujetos educados en el heteropatriarcado occidental. Son términos asimilados como convencionalmente (patriarcalmente) «débiles», no aptos para sostener una argumentación filosófica. Uno de ellos, que estudia la filósofa y psicoanalista Anne Dufourmantelle y que entrega nuevas claves para pensar lo psí-

---

[*] Haraway, Donna J. *Seguir con el problema. Generar parentesco en el Chthuluceno*. Bilbao: Consonni, 2020.

quico subjetivo y lo político, es «la dulzura». En su ensayo *Potencia de la dulzura*, Dufourmantelle nos sitúa como herederas de una tradición filosófica que «desconfía de las emociones» por ser consideradas durante largo tiempo como «un simple factor de oscurecimiento o de desviación de la razón». Luego define la dulzura como «una fuerza de transformación secreta que prodiga la vida, enlazada a lo que los antiguos llamaban justamente potencia».*

Para explorar la potencia de la dulzura y sus efectos sobre las relaciones y lo real, Dufourmantelle desarrolla un modo de escribir y pensar entre lo argumentativo y lo poético:

> En latín, *dulcis* significa todas las dulzuras posibles, y *suavitas* califica a Dios mismo. La mística renana llega incluso a encontrar en la nada una dulzura incomparable. Pero la filosofía no la trata como tal: ni concepto, ni tan solo un uso, la dulzura requiere reconocimiento, pero no se pliega al juicio. Su aparente simplicidad es engañosa. Y sin embargo hay, desde siempre, testimonios de su singularidad. Es una pasividad activa que puede devenir una fuerza de resistencia simbólica prodigiosa, y a tal título estar, a la vez, en el centro de la ética y de lo político.**

---

* Dufourmantelle, Anne. *Potencia de la dulzura*. Buenos Aires: Noctura Editora, 2022, 24.

** *Idem*, 23.

Como afecto, la dulzura es una realidad intuida y testimoniada desde siempre. A pesar de que su presencia o su falta señalan de forma medular hacia aquello que hace posible la vida, su inscripción en lo simbólico patriarcal no llega del todo a ocurrir. A causa de las restricciones del sistema representacional, y no de la dulzura en sí, de su posibilidad de inscripción, asistimos al truncamiento de su transmisión cultural, y a la imposibilidad de que como término llegue al discurso macropolítico. Expulsada de las conversaciones filosóficas, como noción que «feminiza» a quien habla negándole la autoridad enunciativa, la dulzura mantiene, no obstante, nos dice Dufourmantelle, una fuerza de resistencia simbólica prodigiosa. Desde la práctica feminista y no heterocentrada de un pensamiento poético de lo afectivo, podemos imaginar la dulzura como, a una misma vez, el misterio de una potencia material-relacional y la posibilidad afirmativa de un concepto capaz de regenerar el pensamiento político.

Creo también que el giro afectivo en las artes, las humanidades y las ciencias sociales está recuperando estos términos «débiles» para construir con ellos historias de sentido y de significado orientadas a contar el cuerpo y la vida. En la estructuración moderna y patriarcal del pensamiento, estos términos débiles que recaen sobre la cara negativa de la razón están asociados a lo corporal, lo pasional, lo femenino. Pertenecen a la otredad de lo humano: lo animal abyectado hacia fuera y enterrado hacia un adentro irrepresentable. En el orden de la razón moderna, lo animal-afectivo des-aparece en la conciencia subjetiva a través de distintos procesos. O bien se fuerza su discursivización desde el pensamiento heterosexual para instrumentalizarlo como modo de argumentación a favor de un comportamiento natural conveniente para la norma sexual,* o se entierra en las profundidades del sujeto hasta convertirse en una verdad material que, por irrepresentable, se vuelve inaccesible o inasumible.

Dado que el pensamiento racional prescrito para la humanidad abyecta lo «femenino», lo débil, lo poroso, lo viscoso, lo animal y lo pasivo, a la hora de emplear «la razón» para interpretar la vida y el mundo material, quizás todas vamos a ser ineludiblemente misóginas y animalófobas. Somos iguales en nuestro punto de partida, que implica una educación de la conciencia del unx misma y del mundo a través del pensamiento dualista y heterosexual. Si la razón moderna se presenta como universal y «natural», el giro afectivo nos permite desnaturalizarla, ponerla bajo el

---

* Wittig, Monique. *El pensamiento heterosexual y otros ensayos*. Barcelona: Ediciones Paidós, 2024.

foco del análisis crítico y atender a otras formas de inteligencia.

En la crítica posthumana de Rosi Braidotti es central su pensamiento neomaterialista, que se aproxima a la idea de inteligencia como capacidad no localizada exclusivamente en los agentes humanos:

> El materialismo tiene que ver con la complejidad del ser encarnado, integrado, relacional y afectivo. Es una filosofía de la inmanencia, en el sentido de que asume que la materia es vital, inteligente y autoorganizada, lo que, por supuesto, incluye una relación estructural con entidades no humanas. Estos no humanos son «otros» geológicos, zoológicos, ecológicos y tecnológicos, y se relacionan con los humanos no en una secuencia o sucesión lineal, sino en interrelaciones, transposiciones y devenires dinámicos. Lo que les mueve es su capacidad compartida de afectar a los demás y ser afectados por ellos. Esta fuerza de atracción mutua pone en marcha flujos de relaciones que informan y transforman a todos los participantes.*

---

* Braidotti, Rosi. «The Virtual as Affirmative Praxis: A Neo-Materialist Approach», en *Humanities* 11, 62, 2022, 2. Inglés en el original, traducción de la autora.

A partir de esta cita tal vez podamos sugerir un nuevo concepto de inteligencia destinado a señalar, no los entrenamientos o la potencia de uso de la razón humana, sino nuestra capacidad de afectar, de ser afectadas y de entrar en relación creativa, poiética.

Dufourmantelle escribe también de la dulzura que «es primero una inteligencia, de la que engendra la vida, la salva y la acrecienta».* Como inteligencia, su potencia es la de ponernos en una relación de acuerdo con la alteridad, implicarnos desde lo corporal en la experiencia afirmativa pero no discursiva de «lo oscuro». La dulzura, que conmueve a los cuerpos y los implica en relación, es «la ocasión de una fiesta sensible».** Como en los versos de Rilke, la dulzura, fiesta del tacto y el gusto, ama lo innombrado y, aunque se relacione metafóricamente a veces con la luz, para su fin de poco le sirve «la llama que al mundo pone límites».

¿Puede un concepto constituirse desde una propuesta demarcativa y al mismo tiempo desde el reconocimiento de un misterio? Tal vez sí, si opera el uso de una razón afectiva-poética Así la cartografía de la dulzura que realiza Dufourmantelle la conceptualiza

---

* Dufourmantelle, Anne. *Potencia de la dulzura.* Buenos Aires: Noctura Editora, 2022, 35.

** *Idem*, 43.

como «suavidad de lo inefable», también como una afirmación cuyo acceso o experiencia ocurre a menudo en estado de falta, falta de dulzura:

> Suavidad de lo inefable. Belleza de aquello que no aparece en la apariencia dada de las cosas y los fenómenos, de lo que no podrá ser tocado en un rostro, de lo que desarma toda sujeción. La dulzura hace aparecer la distancia entre lo que está ahí y lo que escapa. Lo carnal y lo espiritual, pero no solo eso, también todas las distancias, las elipsis, en la lengua, en lo visible.*

Creo que hablar y pensar la realidad afectiva desde lo poético supone una intensificación de la atención corporal que requiere una especie de trance de relajación de la racionalidad. Implica abandonar en lo posible los afectos ansiosos que nos dirigen hacia una necesidad de control sobre lo representacional, y abandonar también el deseo de capitalización del discurso. Para acceder a la experiencia de la realidad desde lo poético-afectivo y no desde lo racional-discursivo, necesitamos algo así como un rito de paso, un entrar en contacto con otra modalidad de la voz, otra modalidad de la vinculación.

---

* Dufourmantelle, Anne. *Potencia de la dulzura*. Buenos Aires: Noctura Editora, 2022, 47.

¿Cómo entrar ahí? La experiencia del margen y del espacio antinormativo de la afiliación y el deseo provee a veces de esa sensibilidad enfatizada en un tiempo del afuera. El cuerpo no blanco, no binario, cuir y *crip* (irrepresentable desde el ideal de blanquitud capacitista heterosexual) conoce estados de afectación para los cuales nunca imaginó un lenguaje positivo, transmisible sin puntos ciegos, sin ambivalencias radicales.

La pérdida del control sobre el significado y los modos del cuerpo en procesos de transformación involuntaria despierta un afecto ansioso cuando intentamos racionalizar lo corporal. La enfermedad, proceso de intensificaciones, es a menudo interpretada como una llamada del cuerpo que habla en un estado excepcional de necesidad. Bajo la lógica capacitista, recuperar la salud implicaría retornar a un silencio deseado del cuerpo, donde este no es obstáculo para los proyectos trascendentales y productivistas de la razón humana. Tras su diagnóstico de cáncer en 1996, la poeta sáfica catalana Maria-Mercè Marçal comienza a escribir en verso libre una serie de notas y poemas donde refleja la relación entre enfermedad, cuerpo apasionado, misterio y lenguaje. Estos textos serán publicados póstumamente en el año 2000 por la editorial Empúries en un libro titulado *Raó del* *cos* (razón del cuerpo).* La escritura de *Raó del cos* atraviesa los modos en los que el sujeto que enferma experimenta la realidad y el lenguaje, entrando en una nueva forma de conocimiento marcada por la intensificación de lo corporal y la conciencia del continuo vida-muerte.

> Cuerpo mío: ¿qué me dices?
> Como un crucificado
> hablas por la boca de la herida:
> que no quiere encorar
> hasta cerrarse en la mudez:
> inarticulada
> palabra viva**

En sus últimos poemas, Marçal escribe el extrañamiento al atender al misterio propio de la lengua del cuerpo enfermo, que se expresa desde un estatuto de liminalidad desterrado por la norma del cuerpo sano silencioso. Crucificado, suspendido el proyecto de sujeto por el evento de la enfermedad, el cuerpo no puede ser más que cuerpo, su lengua no puede ser más que una que le es misteriosamente propia y surge de «dentro». Un «aquí» que es a la vez íntimo y

---

* Marçal, Maria-Mercè. *Diré tu cuerpo*, trad. de Noelia Díaz Vicedo. Barcelona: Ultramarinos, 2020.

** *Ídem*, 102.

extraño, lugar de enunciación que genera un mensaje solo parcialmente inteligible: la boca de la herida.

Nuestra pasión animal enraizada en la ciudad

Uno de mis textos favoritos de la poeta feminista y lesbiana Adrienne Rich aparece en el libro *El sueño de una lengua común*, dentro del apartado «21 poemas de amor».* El escenario del poema muestra una ciudad liderada, podríamos decir, por grandes dispositivos de captación libidinal y afectiva, donde un cuerpo pulsional sobrevive en un territorio sobreexcitado por imágenes. Las imágenes que rodean al cuerpo en la ciudad intentan capturar su fuerza afectiva, proponiendo lugares de anclaje a los que en ocasiones no podrá resistirse, pues su expresión se ha ido configurando por exposición obligatoria a esas formas repetidas. Hay una captación por parte de las pantallas, una territorialización de la imaginación, una seducción también. Familiar y a la vez extraño a la seducción del tabloide, el cuerpo en resistencia política y poética que es el sujeto del poema atraviesa con distancia crítica los circuitos normativos de la libido en la ciudad, trayectorias configuradas

---

* Rich, Adrienne. *El sueño de una lengua común*. Barcelona: Sexto Piso, 2019.

y atravesadas por intereses que pre-existen al sujeto y a la colectividad. Intereses de poder cuya dirección de crecimiento es ajena a las necesidades de lo vivo y funciona de forma independiente, explotando los recursos de los cuerpos vivos a través de la sugestión de sus afectos.

Dondequiera en esta ciudad, las pantallas parpadean
con pornografía, con vampiros de ciencia ficción,
peones victimizados que se doblegan ante el látigo,
además tenemos que caminar… aunque solo sea como caminamos
a través de la basura empapada por la lluvia, las crueldades sensacionalistas
de nuestros propios barrios.
Tenemos que entender nuestras vidas inseparables
de esos sueños rancios, ese exabrupto de metal, esas infamias,
y de la begonia roja que destella peligrosamente
desde el alféizar de un bloque a seis pisos de altura,
o las chicas de piernas largas que juegan al balón
en el patio de la escuela secundaria.
Nadie nos ha imaginado a nosotras. Queremos vivir como árboles,
sicomoros que resplandecen a través del aire sulfúrico,

> moteados de cicatrices, brotando aún exuberantes,
> nuestra pasión animal enraizada en la ciudad.*

Este último verso que construye la imagen «nuestra pasión animal enraizada en la ciudad» me parece muy útil para tratar la dificultad de representación de lo afectivo a partir de los lenguajes humanos marcados por la prescripción de la racionalidad occidental. Para mí, el significado de «afecto» tiene que ver con la potencia de la corporalidad que pre-existe al discurso, pero se expresa en el contexto de su socialización y su culturización a través de normas y referentes. Esa «pasión animal» aparece siempre de algún modo enraizada a la ciudad, entendiendo la ciudad como espacio que da forma a la energía afectiva que tenemos *a priori*. A partir de la introducción teórica ofrecida por Alicia en el apartado primero de este libro, creo que es interesante pensar en un continuo afecto-emoción, entendiendo que los afectos en bruto permanecen en gran medida inaccesibles para lo humano. La fuerza afectiva está constantemente siendo configurada por contextos culturales, relaciones e intercambios. Esta potencia de intensidad afectiva en el poema de Rich aparece enraizada al espacio urbano, un espacio patriarcal de habitabili-

---

* Rich, Adrienne. *El sueño de una lengua común*. Barcelona: Sexto Piso, 2019, 57.

dad dudosa, que obstaculiza el acceso a los afectos a la vez que determina la forma que van a tomar.

Adrienne Rich reclama que el cuerpo con su potencia afectiva y su capacidad de resistir ha de poder seguir existiendo en la ciudad a pesar de todas estas capturas de su potencia. «También nosotras hemos de caminar» afirma, y no solo, sino que señala la posibilidad de caminar con una orientación propia en medio de un territorio sulfúrico y pornográfico. Desinteresadas, ensoñadas hacia una articulación utópica del presente material, habitando aún la basura de la ciudad, nos recuerda quizás el poema que estamos atravesadas por una toxicidad que nos preexiste y aun así, existimos centelleantes. En esa inocencia de la vida que persevera hay una posibilidad de resistencia preciosa. Rich hace una llamada a la comprensión de la potencia vital que traemos con nosotras, dice «tenemos que entender nuestras vidas inseparables/de esos sueños rancios/....». Nuestra potencia afectiva está ligada a todos estos elementos que intentan darle forma e intentan explotarla porque el afecto es energía y es territorio relacional que puede ser explotado. En el poema la potencia corporal es violentada por el orden de la ciudad, pero persevera como la begonia roja que centellea peligrosamente en el alféizar del sexto piso.

Peligrosamente porque la energía afectiva, por mucho que sea explotada, sigue siendo un recurso del cuerpo para el cuerpo, un recurso renovable de resistencia. Aunque participemos de muchos procesos de explotación a través de exigencias productivas y reproductivas, el poema de Rich nos recuerda que existe la posibilidad de la interrupción poética que conecta al cuerpo con sus propios recursos, el erotismo como poder de vinculación entre el sujeto femenino y lo real, que sugeriría su contemporánea Audre Lorde en su ensayo «Usos de lo erótico: lo erótico como poder» (1978). Es a Audre Lorde a quien dedica Rich otro poema en cuatro partes, titulado *hambre*, donde aparecen estos versos:

> Estoy viva para desear más que vida,
> desearla para otros hambrientos y no nacidos,
> para nombrar las privaciones que me taladran
> la voluntad, los afectos, los cerebros
> de hijas, hermanas, amantes atrapadas en el fuego cruzado
> de terroristas de la mente.*

En la aceleración extractivista de la ciudad es necesario ser capaces de nombrar la potencia afectiva, la energía de lo corporal-vital, para aspirar a proteger-

---

* Rich, Adrienne. *El sueño de una lengua común*. Barcelona: Sexto Piso, 2019, 35.

la. En estos versos, proteger la potencia vital no es simplemente sostener la supervivencia de los cuerpos cumpliendo unos mínimos, sino desarrollar una inteligencia para conocer lo que a la vida le es afín, y una conciencia política para ser capaces de defenderlo en los contextos más hostiles. Creo que, en la historia más reciente del pensamiento occidental, ante la amenaza de una imaginación capitalista transhumanista que se esfuerza por superar de forma definitiva el cuerpo, el giro afectivo intenta traer lo corporal vital al discurso para así poder protegerlo.

La ansiedad como respuesta al cuerpo, como respuesta a la diferencia

En *Volatile Bodies* la filósofa Elizabeth Grosz estudia la percepción cultural del cuerpo como obstáculo a la razón occidental, afirmando que la historia del pensamiento en occidente está marcada por una profunda somatofobia o miedo al cuerpo.* De su estudio de la percepción histórica del cuerpo como un instrumento que ha de servir a la razón sin obstaculizarla, podemos inferir que el proyecto de lo humano, que codifica culturalmente el sentido de la especie,

---

* Grosz, Elizabeth. *Volatile Bodies: Toward a Corporeal Feminism*. Indiana: Indiana University Press, 1994.

tiene que ver con una fantasía de expansión de la razón hacia el futuro. No se ocupa de la vida, de la inmanencia, del afecto, sino que la mirada de lo humano como ideología está puesta en el mañana, en la posibilidad de colonizar el mañana, explotar más allá de. Podríamos decir que, de algún modo, la idea de humanidad como especie con una disposición histórica asimila lo vital como recurso y territorio colonizable por el proyecto humano occidental. Así, el propio sujeto, que es pulsión, contradicción e inconsciente, deja de ser subjetivo para significar una mera participación de la idea de lo humano. El humano es sujeto del proyecto de humanidad, pero nuestra subjetividad en cuanto deseo, afecto, tensión y contradicción no cabe dentro de este sujeto. En otras palabras, nosotras no somos ese humano, sino que servimos a la conservación y enriquecimiento de lo humano con nuestra energía afectiva.

Parece que lo humano, en su lógica de acción, necesita colonizar la vida porque la vida le asusta, el cuerpo le asusta, y despliega su poder de conquista para sentir que puede controlar aquello que teme. Colocándose justo por debajo de Dios, única autoridad a la que no debemos aspirar a controlar, en el relato judeocristiano el patriarcado recibe el derecho a la explotación de todo lo material y vivo que sitúa por debajo de él.

En ese contexto, el cuerpo que ha de dominar lo material dominándose a sí mismo no puede tranquilamente abandonarse a la libre expresión de un afecto subjetivo que le atraviesa. Dada la coerción implícita que nos sugiere no representar en el espacio social un afecto subjetivo, por ejemplo, no llorar en el metro, el sujeto, temeroso de ser un cuerpo expresivo de su interioridad o subjetividad, no llegará en gran medida a reconocer el afecto que le atraviesa, ya que este afecto no puede ser comprehendido si no llegamos a atravesar su expresión.

De este modo, el sujeto temeroso de la expresión corporal subjetiva configura sus formas de afectación según la norma general que, a través de guiones narrativos, regula lo que puede ser sentido o vivido dependiendo del contexto espacial y temporal. Así, podemos decir que las afectaciones son socializables o expresables si son colectivas y «normales», y que se consideran antisociales y objeto de vergüenza cuando expresan subjetividad y tensión en relación al relato normativo vigente en un contexto determinado.

¿Cómo podríamos definir entonces el estado de los cuerpos que no pueden llegar a entrar en una afectación diferencial (rabia, miedo, pena) porque este afecto se reprime antes de llegar a diferenciarse? Sin referirnos al estado defensivo que surge tras la experiencia de una violencia o un susto, podemos tal vez también utilizar el término disociación/disociado para referirnos a la experiencia no vinculante del cuerpo afectado por la realidad, resultado de una represión de los afectos. En ese estado, la intensidad afectiva no llega a articularse a través de emociones diferenciales ni comunicables (para los otros y para el propio sujeto) de forma que la intensidad se percibe como una fuerza homogénea sin detonantes, afectaciones concretas o anclajes de influencia en lo real.

La masculinidad normativa, en su expresión, nos aparece a veces como una especie de sistematización de la no diferenciación de la energía afectiva en modulaciones o emociones diferenciales. El afecto ansioso aparece entonces ante el advenimiento de una emoción diferencial: la modulación expresiva de la emoción da mayor visibilidad al cuerpo como realidad material porosa e inestable, es decir, «femenina». La expresión no controlada del cuerpo es un motivo de ansiedad que se revela como síntoma de la cultura somatofóbica en la que nos constituimos como sujetos. ¿Podríamos pensar en la socialización masculina a través del fútbol como una descarga afectiva que encuentra en lo colectivo su única ocasión para desarrollarse? ¿Y la violencia que sucede en manada, podría analizarse desde esta perspectiva?

Margrit Shildrick estudia la ansiedad como respuesta involuntaria ante la visión de un cuerpo que no obedece al ideal capacitista de cuerpo «normal».*
Siguiendo el argumento de Shildrick, la visión de un cuerpo que no obedece a los ideales del imaginario occidental –imaginario que demanda que el sujeto ha de mostrarse como una realidad material estable, autónoma y productiva– recibe unos afectos concretos. Efecto del miedo a la pérdida del cuerpo «sano» o «estable», la corporalidad disca recibe a menudo una respuesta ansiosa por parte de aquellos cuya imagen corporal se considera dentro de los límites de lo «normal». La ansiedad sería entonces el afecto que moviliza la exclusión de la diferencia, siendo esta al mismo tiempo consecuencia de convenciones en torno a la morfología y el género. Además, en el caso del cuerpo disco, nos dice Shildrick, la respuesta ansiosa no es solamente causada por una morfología en concreto, sino por la expresión pública de su potencia afectiva bajo una lógica no represiva. La ansiedad, como afecto regulativo en el contexto de una ideología somatofóbica, surge ante la expresión del placer, el libre albedrío y el deseo disco, que irrumpen peligrosamente en el campo representacional desde un afuera que afecta a la estabilidad del sistema somatofóbico:

---

* Shildrick, Margrit. *Dangerous Discourses of Disability, Subjectivity and Sexuality*. London: Palgrave Macmillan, 2009.

> No pudiendo reproducir la imagen ideal de invulnerabilidad corporal, los cuerpos discapacitados no se posicionan como desempoderados; al contrario, aparecen como señales de amenaza y peligro en la medida en que socavan cualquier creencia en la estabilidad y consistencia de los cuerpos en general. Paradigmáticamente, estos cuerpos provocan ansiedad porque recuerdan a los demás su propia vulnerabilidad y precariedad.*

El cuerpo enfermo y el cuerpo disco, no habiendo aceptado su sumisión bajo las lógicas de socialización del cuerpo callado o silencioso, irrumpen en el espacio social como cuerpos demasiado materiales. Aceptando la mutabilidad y la vulnerabilidad como rasgos estables del ser-cuerpo, en su análisis Shildrick nos invita a romper el binarismo capacitista para imaginar en nosotras lo que ella grafía como el continuo *«dis/ability»*, base común de todo devenir humano, que descubre la naturaleza incierta y desafiante de toda corporalidad.

---

* Shildrick, Margrit. Dangerous *Discourses of Disability, Subjectivity and Sexuality.* London: Palgrave Macmillan, 2009, 21. Inglés en el original, traducción de la autora.

Del miedo al cuerpo al camino del conocimiento

Robert McRuer, teórico de la intersección entre los estudios queer y los *disability studies*, tiene en consideración el trabajo de Gloria Anzaldúa como una proto-teórica *crip*.* El fallecimiento de la autora chicana por condiciones derivadas de la diabetes ocurre en el 2004, el mismo año en que McRuer estaba escribiendo su libro *Queer Theory: Cultural Signs of Queerness and Disability*. En las primeras páginas, donde presenta el proyecto de utilizar herramientas de la teoría queer para hacer una crítica a la cultura capacitista, McRuer destaca la propuesta de Anzaldúa en *This Bridge Called My Back: Writings by Radical Women of Color*, editado junto a Cherríe Moraga, donde escribe: «Somos los grupos queer, la gente que no pertenece a ningún sitio, ni al mundo dominante, ni completamente a nuestras propias culturas. Todos/as juntos/as abarcamos muchas opresiones. Pero la opresión abrumadora es el hecho colectivo de que no encajamos, y porque no encajamos somos una amenaza».** McRuer reivin-

---

* McRuer, Robert. *Queer Theory: Cultural Signs of Queerness and Disability*. Taylor & Francis, 2008.

** Moraga, Cherríe y Anzaldúa, Gloria. *This Bridge Called My Back: Writings by Radical Women of Color*. Nueva York: Suny Press, 2022, 209.

dica esta afirmación, realizada en 1981, como una fundacional para la teoría queer y, aun así, de algún modo soterrada en la genealogía de este pensamiento, por ser una contribución de las feministas de color. A pesar de que la propia Anzaldúa no utilizaba el término *crip*, lo que le hace considerarla de forma póstuma una teórica *crip* es su esfuerzo hacia la exploración de conceptos destinados a dar un espacio en lo simbólico a subjetividades y corporalidades cuya realidad es liminar a la norma. El esfuerzo de Anzaldúa está situado en un cuerpo lesbiano, mestizo, marcado por la experiencia del desarrollo hormonal prematuro y de la diabetes como adulta.

El camino del conocimiento

Cuestiones relativas a la herida psíquica y simbólica (aunque enraizada en lo material) y a su curación individual y colectiva son constantes en la obra de Gloria Anzaldúa, pero las desarrolla con mayor foco durante los últimos 20 años de vida.* Habiendo reconocido la violencia ideológica que desincroniza necesidades vitales y discursos normativos, Anzaldúa desarrolla un camino de des-identificación

---

* Keating, AnaLouise. *The Gloria Anzaldúa Reader*. Duke: Duke UP, 2009, 249.

y re-codificación de la subjetividad. Así, su trabajo de escritura combina la des-identificación o, en sus propios términos, la destribalización como «reconocimiento de la naturaleza ilusoria y arbitraria de las normas sociales» y la re-codificación de la subjetividad a través de la práctica radical de la imaginación (Anzaldúa, en Keating 2009).* Este proceso, que define como *«the path of knowledge»*, está destinado a la recuperación de la agencia en la imaginación de aquellos cuerpos que han sufrido violencia a través de la imposición de un sistema simbólico incompatible con una existencia vitalista y alegre. En sus últimos escritos encontramos una crítica directa a la división cartesiana cuerpo/mente, que lidera el ideal de sujeto moderno, al mismo tiempo que hallamos una exploración de saberes culturalmente devaluados por la modernidad occidental, como la intuición y la espiritualidad.

«The path of knowledge» planteado por Gloria Anzaldúa es un camino que busca acompañar en la experiencia de desarticulación y disociación que acompaña al daño físico-psíquico. En él, el dolor se convierte en una vía fundamental para el entrenamiento del sujeto en la porosidad y la apertura, cualidades tradicionalmente atribuidas como estigma a lo femenino, que

---

* Keating, AnaLouise. *The Gloria Anzaldúa Reader*. Duke: Duke UP, 2009, 236.

Anzaldúa privilegia en su recomposición del orden simbólico, por ser la vulnerabilidad la faceta humana facilitadora de lo relacional compasivo.* Este camino del conocimiento se organiza en siete etapas que, aunque presentadas de forma diferencial en el texto, en la vida no ocurren de forma teleológica, sino que tienen naturaleza cíclica y hasta pueden darse de forma simultánea. La primera fase, llamada «arrebato» o «susto», marca el inicio del camino, y refiere al evento traumático o experiencia de violencia que causa la fragmentación de la subjetividad, un cambio definitivo en el sentido del yo y el mundo. El susto nos pone en el espacio transicional de «Nepantla» (fase 2), un estado liminar donde estamos sumidos en un tipo de conciencia violentada, fragmentaria, llamada «*Coyolxauhqui consciousness*» (fase 3).

Al entrar en Nepantla, en un estado liminar de desidentificación y crisis causado a veces por un evento traumático concreto, o simplemente por una saturación y exceso de violencia simbólica sufrida, la noción del yo entra en un estado de angustiosa fragmentación donde no hay imagen que lidere una percepción orgánica del yo. La luna, con el

---

* Bost, Suzanne. *Encarnación: Illness and Body Politics in Chicana Feminist Literature*. Nueva York: Fordham University Press, 2010.

Coyolxauhqui imperative, será la imagen guía que nos ayude a encontrar el principio creativo que desea reorganizar las partes en un nuevo relato que permita la vida, la acompañe. La violencia del sistema simbólico, con sus ideales capacitistas y de género, hace que el sujeto no normativo, cuya existencia está lejos de los ideales de género y salud, rechace su existencia encarnada y entre en una especie de disociación: «Lloramos la pérdida del yo "sano", capacitado e integrado, un yo que quizá nunca hayamos poseído. Nunca podré volver a ser como era antes de perder mi "salud", mi hogar o lo que sea». Anzaldúa describe en estos términos lo que simboliza Coyolxauhqui: una experiencia de disociación entre el ideal de cuerpo sano y el cuerpo vivo disponible:

> Me escondí de mí misma. Abandoné mi cuerpo-disociado. No quería habitar mi cuerpo. Me convertí en un visitante en mi propia piel. La memoria de mi cuerpo –eso es lo que simboliza para mí Coyolxauhqui–.*

---

* Moraga, Cherríe y Anzaldúa, Gloria. *This Bridge Called My Back: Writings by Radical Women of Color*. Nueva York: Suny Press, 2022, 297.

Pero el principio de fragmentación es también el que permite la decolonización de la imaginación y el que da lugar a nuevas com-posturas:

> Compostura:
> Putting the fragments together,
> Putting Coyolxauhqui back together
> But in a new way, en una nueva compostura
> Con conocimientos y facultades nuevas.*

La fase 3 también recibe el nombre de «*Coatlicue state*», el estado de Coaltlicue. Aunque esta fase puede iniciar con cierta resistencia al cambio, propia del susto inicial, implica al sujeto en un trabajo de expansión de la conciencia, en palabras de Bost: «Anzaldúa describe los estados de Coatlicue como procesos psicológicos en los que uno se acopla, en vez de resistirse, al dolor y la destrucción que tememos».** Es importante resaltar que, a pesar del dolor físico-psíquico, este estado de los afectos no recibe el estigma que occidente atribuye a la depresión, descrita como espacio

---

* Moraga, Cherríe y Anzaldúa, Gloria. *This Bridge Called My Back: Writings by Radical Women of Color*. Nueva York: Suny Press, 2022, 297. Se mantiene la mezcla de lenguas original para recalcar el mestizaje al que hace referencia Anzaldúa.

** Bost, Suzanne. *Encarnación: Illness and Body Politics in Chicana Feminist Literature*. Nueva York: Fordham University Press, 2010, 95.

no generativo, sino que por el contrario la conciencia en modo Coyolxauhqui se significa en positivo, puesto que junto al dolor psíquico surge la potencia hacia una acción transformadora, que nos llevará a un compromiso de transformación «*call for transformation*, compromiso, *and conversion*» (fase 4).

F. Vivancos Pérez cuenta cómo la figura de Coyolxauhqui desplazó a la de la diosa madre Coalicue en el imaginario de Anzaldúa después de la segunda visita de la escritora al museo azteca en los 90. La piedra circular que muestra a Coyolxauhqui desmembrada apareció en Ciudad de México mientras realizaban unas intervenciones de obra pública. En mi visita de 2023 a CDMX pude observar cómo la diosa luna Coyolxauhqui aparecía desmembrada a los pies del templo, tras haber sido vencida y rota por su hermano el sol, que ocupa la parte más alta. El visitante actual puede ver cómo la construcción histórica del espacio muestra las distintas hegemonías: la altura mayor la alcanza la catedral cristiana construida sobre la zona sagrada azteca; después, el templo del sol liderado por un dios masculino ocupa el siguiente nivel; y, a los pies de este, la diosa femenina de la noche aparece en pedazos sobre el suelo.

Hija violentada de la cultura patriarcal, la diosa luna le sirvió a Anzaldúa como mito feminista de origen, para señalar de una vez el daño, la mutilación y la potencia. Como guía poética, esta diosa también representa los saberes que vienen del cuerpo, la intuición y el afecto. La noche y la sombra como espacio de riqueza previo a las formas y los signos.

Cuando la acción de re-composición y reescritura comienza, es el tiempo de *«putting Coyolxauhqui together»*, reunir/rearmar a Coyolxauhqui (fase 5). La recomposición del orden simbólico desde la experiencia del sujeto dañado incluye la dificultad de socializar desde nuevas narrativas identitarias, y hacerlas legibles para la comunidad. *«Taking your story into the world»*, llevar tu historia al mundo (fase 6). Este momento inicial del compartir está lleno de miedos, dificultades y nuevas violencias efecto de la subversión abierta del orden simbólico dominante en el espacio social. Poner la historia en común es sin embargo una condición fundamental para el *«spiritual activism»*, activismo espiritual (fase 7), es decir, la formación de alianzas holísticas con otros sujetos sensibles. Seguido de esto, la escritora que atraviesa el dolor y pone sus saberes en la escritura se convierte en Nepantlera, en acompañante del dolor de lxs otras.*

---

* *«Her position as leading intellectual is therefore that of the nahual or "shape changer" understood as a figure capable of transforming oneself, others, and discourses»*. Vivancos

La figura resultante, el «*reconstructed self*», está compuesta por fragmentos, no olvida la experiencia de Nepantla, y por tanto la subjetividad contiene «aire» vacío entre sus partes, que permite una movilidad y una reconfiguración. Esta nueva figura está más preparada para afrontar el cambio y los eventos disruptivos de forma no traumática, pues la creatividad es su principio activo. La imaginación lidera su estar en el mundo, no la obediencia o el miedo.

En un email que Anzaldúa intercambia con los estudiantes de Keating sobre los modos en los que su experiencia de la diabetes era determinante para el trabajo que estaba produciendo, la escritora contestó afirmativamente que sí creía que las personas con diagnósticos graves de enfermedades discapacitantes eran más sensibles a desarrollar la facultad de la imaginación, y también estaban más preparadas para navegar la ambigüedad y el cambio y convertirse en Nepantleras. A Anzaldúa no le interesaba «*disabled*» como identidad,* sino como intersección de partida en el camino hacia el conocimiento. El camino del conocimiento que nos deja Anzaldúa

---

Pérez, Ricardo F. *Radical Chicana Poetics*. New York: Palgrave Macmillan, 2013, 30.

* Bost, Suzanne. *Encarnación: Illness and Body Politics in Chicana Feminist Literature*. Nueva York: Fordham University Press, 2010, 15.

como herramienta para atravesar periodos de crisis consiste precisamente en este atravesar la violencia simbólica que fragmenta el cuerpo para encontrar el impulso creativo que permite recomponer en una nueva compostura, cuya coherencia se sostiene a partir de una lógica y de unas facultades distintas.

Como línea de fuga a la ansiedad que genera la somatofobia obligatoria, el camino hacia el conocimiento como recurso de la imaginación ofrece una oportunidad de deconstrucción de las fantasías convencionales sobre cuerpo e identidad. A esta posibilidad crítica, que aporta perspectiva para revisar las bases, le acompaña un compromiso hacia la reconstrucción de la realidad a través de actos radicales de imaginación. Actos que, en mi parecer, aspiran a sincronizar, en la medida de lo posible, la imagen corporal como proyección y la potencia afectiva como realidad material. Es importante señalar que los actos radicales de imaginación emergen en la obra de Anzaldúa en el contexto de una ética de la interconectividad que toma la vulnerabilidad como propiedad común de la vida. La vulnerabilidad, un término que ha sido ampliamente utilizado por las pensadoras feministas en las últimas décadas, se refiere a nuestra apertura a ser afectados, incluso dañados –por ser el daño una modalidad de afectación– por el mundo.

Afectada: Alicia Valdés

¿Cuántas cosas nos molestan?

Mi sangre es síntoma de repulsión
yo soy una enfermedad
creéis que somos lo peor
la estirpe de la sociedad.

Desenterradas – Esa herida.

Tu texto me afecta. Tu texto me afecta al elevar un enfado que siempre se encuentra velado. Un enfado que aparece tras un esfuerzo continuado y sostenido en el tiempo que no da sus frutos. Un enfado propio del cansancio, de la extenuación, del agotamiento que produce el encorsetamiento del cuerpo y de sus emociones para un objetivo incumplible: el orden a través del silencio. El de dejar de ser para pasar a hacer.

*

Te leo leyendo a Adrienne Rich y escribes que ella *reclama que el cuerpo con su potencia afectiva y su capacidad de resistir ha de poder seguir existiendo en la ciudad a pesar de todas estas capturas de su potencia.* Me duele y me enfada. Siento que nosotras permanecemos en silencio para que la ciudad pueda seguir haciendo ruido. Pienso en todas las veces en las que evito llorar o reír muy alto en el metro por miedo a molestar mientras el chillido metálico de las vías del metro atraviesa mis tímpanos. Pienso en los tapones para los oídos que he comprado, en cuando llevo mis auriculares puestos, aunque no esté escuchando nada, simplemente como una barrera arquitectónica que separa mi pabellón auditivo de los ruidos de la ciudad. Me pregunto por qué podría molestar tanto el ruido que hacen mis tripas al pasar hambre mientras los martillos hidráulicos fracturan el cemento con el que buscan construir las arterias de esta ciudad en la que no se puede albergar vida sin dinero. Siento que, en esta lógica del silencio, el único ruido que molesta es el que emiten los cuerpos orgánicos, mientras que los cuerpos metálicos ganan el pulso del sonido. Un latido metálico que acompaña la melodía de una ciudad gris que echa humo.

Cuando te leo escribir que el cuerpo sano es silencioso, a mí mente viene la obediencia. El cuerpo-mente sano debe ser entendido como obediente en todas sus facetas. El cuerpo-mente indisciplinado es loco, es enfermo. Nos regula el mandato que exige la ausencia de molestia. Debemos convertirnos en susurros, aun cuando deseamos ser gritos. El chillido histérico, el de la queja, del enfado y de la alegría son ahogados por un mandato de pulcritud que parece menos violento porque no nos grita ni nos pega como hacía mi padre, sino que habla bonito con los labios pintados como lo hace mi jefa.

*

Cuántas cosas nos molestan. Ortodoncias para dientes torcidos. Espray para la halitosis del cuerpo fumador. Caramelos para besar. Vergüenza ante los ruidos que emite tu estómago. Cápsulas para que cagues purpurina. El mandato de felicidad comienza con una buena sonrisa, recorre tu cuerpo y coloniza hasta tu mierda. Qué asco el cuerpo. Impuro, desobediente, irreverente, putrefacto.

Te leo escribir que *lo humano en su lógica de acción necesita colonizar la vida porque la vida le asusta, el cuerpo le asusta, y despliega su poder de conquista para sentir que puede controlar aquello que teme.* Pienso en cuánto tiempo le queda a mi cuerpo para poder generar ruidos, olores y secreciones. Pienso en si inventarán nuevas píldoras de purpurina para las lágrimas. Ojalá se metan por la nariz, una forma de sublimar la necesidad de esnifar en un sistema que busca generar tu hiperactividad. En realidad, no debería preocuparme de las funciones orgánicas detestables de nuestros cuerpos. Estoy segura de que generaremos tapones tecnológicos para limitar el funcionamiento de cada uno de nuestros orificios. Estos estarán limpios, pulcros y olerán bien.

Qué asco el cuerpo. Pero el olor a meado en el centro de esta putrefacta ciudad mientras tomas un café por cinco euros en una terraza no es percibido como un fastidio incómodo y evitable. Los efluvios de esta ciudad parecen no molestarnos. Te leo escribir que *el pensamiento racional prescrito para la humanidad abyecta lo «femenino», lo débil, lo poroso, lo viscoso, lo animal y lo pasivo, a la hora de emplear «la razón» para interpretar la vida y el mundo material, quizás todas vamos a ser ineludiblemente misóginas y animalófobas*, y siento que tras toda fobia nace una filia. Quizás, ante la fobia al cuerpo nace una filia a la ciudad: somatofobia y urbanofilia. Me viene a la cabeza que, cuanto más obediente y controlado está nuestro cuerpo, mejor encajamos en las lógicas de lo urbano. Lo urbano es *ineludiblemente misógino y animalófobo*. Quizás por eso haya tanto monumento vertical. Obeliscos como falos en las plazas.

¿Cuántas cosas nos molestan?, ¿cuántas nos sobran? Desde mi propio cuerpo, sus ruidos y secreciones hasta las voces que habitan mi cabeza. Hablabas de inteligencia, y no podía evitar pensar en lo increíblemente patético y estúpido que es el asco al cuerpo. ¿Es inteligente que me sobre la propia superficie de mi cuerpo? Pienso en el tiempo invertido en arrancar cada uno de los pelos de mi cuerpo de manera concienzuda odiando los pliegues de piel que consiguen esconder estas hebras: me sobran estas fibras de queratina. Hemos desarrollado toda una tecnología para ir a Turquía con el objetivo de sacarlas de un sitio para implantarlas en otro. Adiestramos el pelo porque molesta. No sé. Pienso. ¿Es inteligente que nuestra propia materia prima nos moleste? No me lo parece. Siempre he pensado que el odio no puede erradicarse, que la pulsión de muerte es una constante. Creo que lo que sucede es que esta pulsión de muerte, este odio ha sido dirigido a la queratina, a las secreciones, a las emociones que, nos dicen, no debemos desear. Hemos comenzado una batalla contra nuestros poros, contra la tristeza, la rabia, las células malignas que se multiplican, las protuberancias, los dientes torcidos y el cuerpo-mente en su totalidad.

Quizás tenga que ver con que nos han enseñado a asumir la muerte, pero no nos han enseñado a estar enfermas, y mucho menos a plantearme si la enfermedad es realmente como nos la han contado. Te leo escribir que *la enfermedad, proceso de intensificaciones, es a menudo interpretada como una llamada del cuerpo que habla en un estado excepcional de necesidad. Bajo esta lógica, recuperar la salud implicaría retornar a un silencio deseado del cuerpo, donde este no es obstáculo para los proyectos trascendentales y productivistas de la razón humana.* Pienso en la contradicción entre un cuerpo vivo y uno silencioso. En casa, el silencio siempre ha sido señal de peligro. Muchos niños recorrían siempre los espacios de las casas que habité y el silencio era siempre algo que no podía permitirse, no solo por la falta de espacio e intimidad, sino por el miedo que produce un cuerpo en silencio. Pienso en cuando estoy cuidando a mis sobrinas, el momento en el que caen dormidas me produce miedo, un silencio apacible se torna en el terror que produce el cuerpo que no es habitado por la vida. Cuando duermen, pongo mi mano sobre su vientre para sentir su respiración. El cuerpo sonoro es el cuerpo vivo. Que la salud sea silenciosa habla mucho del paradigma impuesto. Estar sano es más parecido a estar muerto que a estar vivo, la intensificación debe desaparecer, el estado basal es el de lo productivo. El cuerpo que enferma y hace ruidos es el que habita el mundo de Eros, el silencio es gobernado por Tánatos. Como cantan Desenterradas: «Olor a quemado/ silencios macabros/ los cuerpos se pudren/ danzando en el caos/ eterno el castigo/ por todos tus pecados». Pienso en ese estado de excepción, en mi cuerpo como espacio de barricada, pienso en mis fluidos calientes como el material perfecto para un cóctel molotov: sangre, sudor y flujo embotellados para tirar contra la policía corporal.

Pero mi enfado en potencia no llega al acto, estoy muy ocupada adiestrando mis gestos, mi manera de andar. Me he dado cuenta de que gesticulo mucho, que tengo una mueca en la boca que produce una mayor asimetría en mi cara, y trabajo ordenadamente para eliminar este visaje antiestético. He contado los minutos que me he pasado esta semana al espejo analizando cada uno de los poros de los que salían fibras de queratina, en los que se alojaba sebo en forma de espinilla y analizando la tonalidad cromática de estos dientes que hace unos meses dejaron de fumar a no ser que haya bebido. He contado también los minutos que he pasado luchando contra los pliegues de la piel a los que llamamos arrugas. Estas dobleces de la capa dérmica de mi cutis consiguen colonizar mi cara aunque me la unte religiosamente con productos químicos tras haber limpiado dos veces la piel eliminado así toda la barrera cutánea creada por las secreciones faciales. En total he pasado 18.000 segundos. Es decir, 300 minutos. En otras palabras, 5 horas. Carmen pasa cinco horas con Mario en la novela de Delibes. Yo paso cinco horas en el espejo ante un cuerpo que ya no puede contarme nada porque su historia ha sido neutralizada pelo a pelo, eliminada marca tras marca. El silencio del baño acompaña así a la de este cuerpo disciplinado, pulcro, brillante. ¡Exfoliación!, acabar con las células muertas que se niegan a abandonar la superficie porosa de mi piel. ¡Hidratación!, hacer que una loción penetre todos esos huequitos dejados por la piel muerta eliminada a través de la fricción de un guante de crin.

Pienso en la película *La sustancia*, en Demi Moore, en su culo, en las jeringuillas verdes y en la cantidad de desencadenamientos de psicosis que se dan en el cuarto de baño ante el espejo. Pienso en cuando La URSS canta eso de «mi cuerpo inmóvil ante el espejo/ ya solo quiero ver mi reflejo/ cada línea que dibuja mi desnuda silueta/ ata mis ojos al vidrio y con eslabones de seda». Pienso también en Parálisis Permanente y en cómo gritaban aquello de «no saldré jamás/ y me baño en agua fría sin parar/ y me corto con cuchillas de afeitar/ y me corto con cuchillas de afeitar/ y me tumbo en el suelo de mi habitación/ Y veo mi cuerpo en descomposición». Pienso mucho en cómo intentar provocar la desaparición de algo lo que hace es intensificar su presencia, en cómo al final dedicamos más tiempo al cuerpo al hacerlo desaparecer que al habitarlo. En cómo el odio siempre nos toma más tiempo que el amor.

Me pregunto si mi enfado en potencia tiene algo que ver con mi potencia afectiva. Quizás lo piense en el metro, de camino al trabajo, mientras huelo los cuerpos ajenos que odio por recordarme demasiado el hecho de que yo habito uno de esos artefactos sudorosos. Quizás roce uno de esos cuerpos y esté caliente. Probablemente me moleste. Cuántas cosas nos molestan. Pienso en el silencio que necesito para escribir (ejercicio mortecino donde los haya) y pienso en el punk, en las letras que me hacen pensar, en toda la vida que me da el ruido elegido.

Sé que si mi cuerpo no puede molestar es porque yo tampoco puedo hacerlo, sé también que la somatofobia es también la fobia al síntoma. ¿Puede haber cuerpo sin síntoma? No lo creo. El síntoma pone sobre la mesa que existe un conflicto. Este puede deberse a unas células que afectan a otras, puede ser una parte del aparato psíquico colisionando con otra, que una parte del cuerpo luchando contra otra afección o un movimiento social. Una barricada prendida en fuego es un síntoma social. Si no quieren cuerpo es porque odian el síntoma, porque este, necesariamente, nos lleva al conflicto. Borremos entonces el cuerpo. Nos sobran sus límites, sus cansancios, sus anhelos, sus dolores y sus alegrías. Creo que no hay mayor somatofobia que la de no permitirnos ser síntoma de un sistema hecho para generar dolor.

Capítulo 2

En defensa de los afectos negativos (fábulas sobre el poder del corazón)

Juan Evaristo Valls Boix

> Y *descubrir la verdad*
> *el poder del corazón*
> *Vente al mundo digital*
>
> *¡¡¡¡¡¡DIGIMON!!!!!!*

El poder del corazón (una fábula)

Sucede en uno de los capítulos de *Power Rangers: Wild Force*, la décima temporada de la franquicia, que se emitió durante la primera mitad de 2002. El equipo Ranger está en peligro, y el planeta está en riesgo: un monstruo intergaláctico descomunal, con cinco ojos rojos y dos cuernos, armado con hachas y cadenas, amenaza con arrasar cuanto encuentre a su paso y está venciendo a los Rangers en un encarnizado combate cuerpo a cuerpo. A duras penas las acrobacias del Ranger rosa le permiten esquivar las estrafalarias llamas Tokusatsu, no logra contener el guerrero amarillo con su escudo las proezas del brazo monstruoso. No hay fuerza más poderosa en la Tierra que los misteriosos poderes de los Rangers, y ahora ni basta.

Cuando más arrecia la crisis, Max Cooper, el ranger azul, el más joven y atrevido del equipo, descubre una nueva fuerza salvaje: encuentra un cristal esférico que contiene en su interior, fósil o promesa, una jirafa ambarina. Una extraña voz en *off* le revela que, si lo desea con todo su corazón, sus emociones activarán el cristal y encenderán la furia de un nuevo Thor que acudirá galopando en su rescate.

El animal personal de Cooper es el tiburón: veloz, racional, calculador implacable. Sin embargo, ni su astucia milimétrica, sádica y oportunista les ha salvado de la crisis. Miro atónito la pantalla de la tele, se deshacen las galletas en el vaso de leche: veo emerger de las aguas marinas el cristal de la jirafa, excitado por la euforia del deseo azul. Acto seguido, emite un brillo deslumbrante y se transforma en una gran jirafa robótica, que relincha brava y comienza a galopar hacia el incógnito campo de batalla: refulge en el oro de sus músculos el entusiasmo del joven

Cooper, la bestia robótica corre a la velocidad de la esperanza. Y, de pronto, algo más: asciende también del fondo del mar la otra bestia de Cooper, el tiburón inmisericorde, y surca los cielos como un cohete estruendoso. En su carrera maravillosa, la jirafa da un brinco y se acopla con sus mecanismos sobre los lomos formidables del tiburón, y emoción y razón vuelan juntos, coordinados, como el más luminoso de los relámpagos. Un sábado de marzo de 2002 vi, en la tele, una jirafa robótica a lomos de un tiburón metálico volador atravesando el cielo eléctrico de California, el deseo encendido del ranger azul a lomos de su frío ingenio financiero. No ha sido ni el músculo ni la razón, sino el poder del corazón, la nueva forma con que los Power Rangers han domeñado todo lo que, extraño, se les opone y los contradice.

Los Power Rangers eran los sábados, pero todos los días de la semana, un poco antes de la hora de comer, veía Digimon. En la canción de la serie, se nos invitaba a descubrir la verdad y el poder del corazón en ese mundo digital, entre bits y emociones, monstruos y épicas de la amistad, que era Digimon.

El presente ensayo versa sobre cómo el poder del corazón se convirtió en capital hedónico, y la fuerza más poderosa de la galaxia acabó sometiendo a quienes pretendía liberar. En un mundo sometido por la euforia estresante y la sonrisa obligatoria, los afectos negativos se convierten, pese a lo que aprendimos en la infancia, en nuestra resistencia.

La era del capitalismo afectivo

El capital se dice de muchas formas, y durante los últimos cien años hemos observado cómo progresa de unas a otras. Marx lo definió en el libro I de *El capital* como una «gigantesca acumulación de mercancías», donde la mercancía era la forma elemental de la riqueza de las sociedades capitalistas.[*] En esta pequeña definición, que articula el magno proyecto del autor, ya se señalan dos cuestiones fundamentales: la primera, que el capital se guía por una lógica de acumulación, de crecimiento ilimitado. El capital dice «siempre más», y esa es su dinámica, no importa qué forma adopte, su espíritu consiste en aumentar y saltarse todos los límites. Y la segunda cosa que esta definición nos dice es que lo que se acumula, la riqueza, tiene la peculiar forma de una mercancía, de algo que se vende. Las cosas adquieren valor de

---

[*] Marx, Karl. *El capital. Antología*, trad. de Manuel Sacristán; edición, selección y notas de César Rendueles. Madrid: Alianza, 2018, 71.

cambio, y así se convierten en un bien que puede circular gracias a la fuerza de trabajo, el conjunto de capacidades con las que adaptamos los seres y las cosas del entorno a nuestras necesidades, y podemos medir su valor por el tiempo que las intervenimos para que se conviertan en mercancías.

Lo que realmente vemos –aunque no lo veamos– cuando tenemos ante nuestros ojos mercancías –mesas o bolsos, zapatos o teléfonos– es trabajo, son horas de esfuerzo concretas. Pero hay algo más: y es que para que esos bienes encarnen el aumento del capital, su valor final ha de ser mayor al valor que en ellos se invierte. O lo que es lo mismo: el producto de la fuerza de trabajo ha de ser mayor que los recursos que sostienen esa fuerza de trabajo. Llamamos explotación al modo que garantiza esta desigualdad en forma de aumento, en detrimento de los trabajadores. Por tanto, lo que vemos, invisible, en todas las mercancías no es solo el trabajo, sino la explotación, la violencia sobre los cuerpos de los trabajadores. El capital es una acumulación de explotación, una acumulación de violencia.

Según cuál sea la naturaleza de esta violencia, el capital adoptará una forma u otra. Para probar su plasticidad, un siglo después del texto de Marx, Guy Debord alteraba la fórmula clásica y redefinía el capital

como una «inmensa acumulación de *espectáculos*».*
El espectáculo es una mercancía que deviene imagen, que se torna espectral: la ontología capitalista de mediados del siglo pasado concibió que el ser ya no equivale a *tener*, como lo hacía para Marx, sino sobre todo a *aparecer*. Las imágenes que constituyen la *sociedad del espectáculo* nos separan de nuestras capacidades y nuestros bienes y los sitúan ante nosotros, en la pantalla, en forma de nítida e ilusoria promesa: solo *veremos*, sin jamás alcanzarla, la vida que nos enseñan a desear; estamos condenados a *contemplar* la vida que, nos dicen, hemos de tener para garantizar nuestra dignidad –a contemplarla sin vivirla–. La explotación que hace crecer el tamaño y la cantidad de las imágenes implica la alienación de la invisibilidad e insignificancia de nuestras vidas, de todos nuestros esfuerzos por alcanzar el campo de visión.

La mutación que advirtió Debord inauguraba una nueva forma de sociedad, fundamentada en una ontología de la apariencia. Su intuición nos permitió comprender otras de las sutiles formas que el capital ha ido adoptando en la segunda mitad del siglo pasado, como capital simbólico (la mercancía como sabi-

---

* Debord, Guy. *La sociedad del espectáculo*, trad. de José Luis Pardo. Valencia: Pre-Textos, 2005, §1.

duría), capital social (la mercancía como socialidad, donde ser es contactar), capital sexual, entre otros. De todas estas formas, que redefinen incesantemente el ser social, destaca una por sutil y paradójica: la llamaré capital hedónico, lo conocemos habitualmente como felicidad. Esta extraña forma de capital caracteriza, en su especificidad, la lógica y el ser social del capitalismo de las últimas décadas, que solemos denominar neoliberalismo. Quiero definir esta forma del capital pervirtiendo una vez más a Marx: la riqueza de las sociedades –la felicidad– en las que domina el modo de producción neoliberal aparece como una «gigantesca acumulación de placeres», y el placer, como la forma elemental de esa riqueza. Por eso nuestro estudio empieza con el análisis del placer. El exceso de positividad que Byung-Chul Han denuncia en *La sociedad del cansancio* (2012) –que no en vano cita y adultera el título inaugural de Debord– no es sino la lógica del capital, que se articula como el crecimiento indefinido del valor, asentada ahora en el terreno de los afectos (donde el valor es placer, y el capital es placer muerto acumulado). La fábrica se había instalado en el cine en tiempos de Debord, y ahora está instalada en el inconsciente. Y si la explotación arrecia en las arenas del deseo, allí tendrán lugar la insubordinación, la huelga y la protesta.

Que el placer se puede acumular no lo entendíamos antes. Tampoco comprendíamos que nuestro deseo podía ser explotado: sabemos muy bien que nuestros músculos y nuestra fuerza física pueden ser empleados hasta la extenuación, pues conocemos la fatiga y los dolores físicos del cansancio. Y también sabemos que nuestro intelecto y nuestras facultades cognitivas pueden constituir fuerza de trabajo: nos son demasiado familiares el agotamiento, el atiborramiento de estímulos y pantallas, la incapacidad de prestar atención a nada, el dolor de cabeza que nos paraliza aunque nuestro cuerpo aún tenga vigor. Pero, a diferencia de estas fatigas consabidas, entendíamos que el placer era casi otro nombre de la liberación, que explorar el deseo y darle rienda suelta no era sino lo contrario de la alienación, que vivir la diferencia —eso aprendimos en los 70— era el modo de escapar a la aplastante normatividad que nos imponía una sola forma de vida y un solo cauce a nuestra libido. Hemos de reconocer que estábamos equivocadxs, y que la fascinante capacidad del capital para exceder límites le ha llevado a someternos a través del gobierno de nuestro deseo.

Eva Illouz ha definido el capitalismo emocional en los siguientes términos: «El capitalismo emocional es una cultura en la que las prácticas y los discursos emocionales y económicos se configuran mutuamente y

producen lo que considero un amplio movimiento en el que el afecto se convierte en un aspecto esencial del comportamiento económico y en el que la vida emocional –sobre todo la de la clase media– sigue la lógica del intercambio y las relaciones económicas».*
Illouz advierte un solapamiento, donde la lógica económica del capital coloniza el territorio emocional, gobernando nuestro deseo y volviéndolo productivo, y donde las emociones se tornan un nuevo activo indispensable para la producción del valor. Así, hemos de entender que, en la sociedad neoliberal, nuestra fuerza de trabajo siempre guarda un componente afectivo, y que todas las instituciones que nos enseñan y nos permiten trabajar –desde la familia hasta la escuela, desde las redes sociales hasta las series de dibujos animados– nos guían también para que trabajemos con nuestro deseo, para que volvamos nuestras emociones productivas.

Aprender a emocionarse en la sociedad neoliberal es aprender a trabajar, aprender a volver nuestro deseo productivo y rentable. Y este aprendizaje, reproducción emocional del capital hedónico, consiste en excitar nuestras pasiones alegres y disminuir o esconder nuestras pasiones tristes: mostrarse feliz, «animar-

---

* Illouz, Eva. *Intimidades congeladas: las emociones en el capitalismo*. Buenos Aires: Katz, 2007, 19-20.

se», mantenerse atento y excitado, vivir motivado y con ilusión, perseguir nuevas metas y nuevos sueños, apasionarse con lo que unx hace, o aspirar a un trabajo ideal son los modos de mantener vivo y creciente nuestro capital hedónico, como también lo son la ingesta continua de azúcar, el atracón de microestímulos digitales (*aka* vídeos de gatos o *grwm*), las luces por todas partes, el café y los psicofármacos. Disimular la pena, aguantarse las ganas de llorar o hacerlo donde nadie nos ve –como en un párking o un ascensor, como en un baño–, maquillar las ojeras del cansancio o el desánimo, convertir las negativas en excusas y dilaciones, parapetarse en una sonrisa perenne de metacrilato para reprimir o bloquear el odio y la rabia son la contraestrategia para evitar que nuestro capital hedónico mengüe.

De este modo, si Debord reconoció una nueva ontología en la sociedad del espectáculo donde ser equivalía a aparecer, Illouz señala una novedosa ontología en la sociedad neoliberal donde ser equivale a disfrutar. Si el capitalismo es, ante todo, una lógica de la maximización del beneficio, el lema «ser es disfrutar» significa también «ser es ganar», «ser es crecer». Todo lo que no es victoria o alegría queda relegado a la oscuridad de la inexistencia. Todas las pasiones tristes, todos los afectos negativos, cuando no escondidos, se espectacularizan en redes como (pos)ironía. Lxs perdedorxs y lxs tristes, lxs rabiosxs y lxs deprimidxs –aquellxs cuyo capital hedónico está agotado, en bancarrota emocional– son presas de lo oscuro, un lumpen afectivo compuesto de zombis hedónicos que, muertxs en vida, quedan desechadxs del circuito integrado de placer: circulan como una basura inmunda en busca de un *like*, de un sueño, de una validación, de alguien que les quiera y algo a lo que querer, un poco de afecto que llevarse a la boca. La explotación emocional impide aquello que promete, nos condena a la fatiga salvaje y la depresión perpetua: el fracaso, la desidia, el insomnio, la incapacidad para el compromiso afectivo o la insatisfacción constante son el modo en que se expresa el drenaje de nuestra afectividad, absorbida por el capital como fuerza de trabajo, cuya explotación nos lega una suerte de cansancio hedónico. Porque no hay deseo para tanto placer, no hay cuerpo que pueda disfrutar tanto. Pero mañana será *Black Friday* y tendremos que volver a trabajar en la fábrica de la alegría para invertir nuestro contento en las ofertas de la libido. Primero el mundo se convirtió en una enorme fábrica; ahora es un inmenso centro comercial, una discoteca gigantesca donde solo está vivo lo que permanece excitado.

De la felicidad a la explotación hedónica

La película *Monstruos S.A.* se estrenó en España en febrero de 2002. En una improbable fábrica, un plantel de aguerridos monstruos de todas las formas y colores se desempeñaba en el duro oficio de asustar, traumatizar y dar miedo en general. Las máquinas de la fábrica comprendían unos extraños portales que daban acceso a los sueños de todxs lxs niñxs del mundo. En sus extenuantes jornadas laborales, lxs siniestrxs trabajadorxs tenían que adentrarse en el inconsciente de lxs niñxs para causarles pesadillas, sembrando el terror y el llanto por toda la galaxia libidinal. De estas emociones, la empresa extraía una oscura energía que animaba, como una suerte de electricidad contemporánea, todo el sistema social de Monstruópolis. Tras una peripecia con una niña traviesa que revuelve la planta industrial de asustadores y despierta la empatía y la ternura que el trabajo había diezmado en algunxs de lxs monstruxs, la película concluye con un descubrimiento revolucionario: y es que las risas generan más energía que los gritos, la alegría resulta más productiva que el miedo. Así, todxs lxs trabajadorxs dejan de ser asustadorxs y, tras un proceso de formación y adaptación curricular inaudito que la película no narra, se convierten en comediantes: cruzan cada día el portal libidinal para hacer reír a niñxs de todas las culturas, entretenerles, amenizar y excitar así las vastas praderas del inconsciente.

Por no hablar de que el proletariado sea representado literalmente como un hatajo de monstruos, la enseñanza íntima de esta película consiste en reconocer que la lógica del capital ha colonizado el régimen del inconsciente; que el inconsciente, como ya advirtieran Deleuze y Guattari, y más tarde Suely Rolnik, es una fábrica de sujetos, y que esta producción de subjetividad –ora obsesionada con la norma, ora obstinada en la diferencia– define y caracteriza las sociedades contemporáneas. El tránsito de una sociedad disciplinaria, marcada por la obediencia y los imperativos de la normalidad, a una sociedad de control, articulada a través de la circulación y la excitación continua, constituye la trama de la película. Efectivamente, el descubrimiento que cimenta la sociedad neoliberal consiste en que el deseo se puede gobernar a través de su excitación constante, y que este estrés o excitación –la angustiosa carcajada que no puede contenerse, la compulsión a ser diferentes y únicxs– es más productivo que la contención y austeridad libidinal a la que forzaban las anteriores tecnologías del poder durante las décadas del capitalismo fabril. No entendí nada de esto cuando salí del cine del centro comercial hace tantísimo tiempo, pero los años han probado que, tristemente, lo aprendí todo.

¿Cómo hemos llegado a hacer del disfrute una fuerza de trabajo, de la diversión una forma de alienación? ¿Cómo se ha convertido la felicidad en una forma de capital, en el resultado de la explotación hedónica? ¿De qué modo las pasiones alegres cambiaron de bando, y pasaron de ser el acicate de la revolución a convertirse en una extraña nueva forma de alienación? De los muchos hilos con que debería tejerse esta genealogía de la explotación hedónica, Eva Illouz explora uno en *Intimidades congeladas* (2007): los experimentos de Elton Mayo en la compañía Hawthorne Western Electric de Chicago (1927-1932). Estos experimentos trataban de analizar cómo afectaba en la productividad de lxs trabajadorxs la alteración de las condiciones materiales de sus puestos de trabajo, concretamente la iluminación de la fábrica. Sin embargo, en sus estudios, Elton Mayo descubrió algo mucho más interesante: la productividad de lxs trabajadorxs aumentaba más si recibían cuidado y atención que con la mejora de las condiciones de su puesto de trabajo. El cultivo de un vínculo afectivo entre empresa y trabajador incentivaba la eficiencia, era la estrategia para conquistar cotas insospechadas de rendimiento.

Este descubrimiento, acompañado de otros fenómenos como la expansión de la cultura terapéutica y la divulgación del psicoanálisis en Estados Unidos a partir de las Clark Lectures que Sigmund Freud pronunció en Worcester (Massachusetts) en 1909, inauguró una nueva dimensión en la cultura del trabajo, que solemos conocer como gestión emocional. El siglo XX puede leerse como un largo proceso de implementación de tecnologías para armar ese vínculo afectivo que tan beneficioso resulta: las empresas se dotaron de departamentos de Recursos Humanos primero y de toda suerte de *coaches* después, se desarrollaron competencias comunicativas en todos los ámbitos, se incentivaron valores que articularan una imagen de la empresa atractiva y fresca (el *pinkwashing* o el *greenwashing*, incluso el *artwashing*, son articulaciones de esta imagen), la empresa comenzó a verse como una familia o un club de amigxs (el *teambuilding* y el *afterwork*, los billares en las oficinas, las neveritas o el entorno colorido y suave de los despachos de Google), los salarios comenzaron a bonificarse para fomentar la competitividad y la excitación, se extendieron la idea de la formación continua y la exigencia social de «trabajar de lo que te guste» o «trabajar de lo tuyo». Tras tantos años emocionándonos con el trabajo, trabajar se ha convertido siempre en trabajar para unx mismx, o en trabajarse a unx mismx, y el lema de «ser tu propio jefe», propagado por el territorio español mientras los Power Rangers cumplían años en la tele y *Monstruos S.A.* se estrenaba en cines, no fue sino el modo de legitimar la autoexplotación en nombre de una idea deslavazada de autonomía y libertad.

La «ontología de los negocios» (el tiburón del Ranger azul), en términos de Fisher (2016), donde ser es crecer –ganar–, se redefine como cultura del trabajo emocional (la jirafa): de este modo, la racionalidad neoliberal ha atravesado la frontera que distinguía lo profesional de lo personal para volverse ubicua. Por todas partes ha venido implantándose una nueva estructura afectiva que Renyi Hong ha denominado «pasión por el trabajo» (2022): el intercambio en que se sustenta nuestra cultura laboral no tiene exactamente un carácter material ni está encaminado a la estabilidad de la vida de lxs trabajadorxs, sino que su naturaleza es emocional. Los trabajos ofrecen realización personal, aventuras y crecimiento (traducido en flexibilidad –esto es, plena disponibilidad– y precariedad), y piden a cambio entusiasmo y ganas de aprender, que todo nuestro deseo vital esté volcado, invertido en la empresa. El cansancio, la tristeza o las pasiones tristes –«no estás motivadx»– se interpretan como desacato y desobediencia, pues «no estamos aprovechando esta oportunidad», se nos dice. La seducción, como observó Lipovetsky (1990), releva a la disciplina como la tecnología del dominio contemporáneo: el poder es atractivo, el poder es atracción. Sea correspondido o no, la cultura del trabajo nos expresa su amor, y así nos seduce con mil estrategias zalameras, y nos quiere seductores y amantes. Pero me temo que no es amor, creo que no es amor. Lo que sentimos se llama obsesión.

La ideología Mr. Wonderful es el modo en que todas las artes de la resistencia y la emancipación que inventamos en los años 70 han sido cooptadas por el capitalismo y transformadas en mecanismos y trampas de dominación, una suerte de «jaula de purpurina»* que nos impide dejar de bailar, que nos obliga a lo máximo y lo extraordinario. Si el acontecimiento de Mayo del 68 nos brindó la certeza de que la creación era, como dijera Deleuze, una forma de resistencia, y que hacer política no consistía sino en cambiar nuestra forma de vida para abrazar la diferencia, «en su nueva versión», nos explica Suely Rolnik en *Esferas de insurrección*,** «es de la propia vida que el capital se apropia. [...] La fuerza vital de creación y de cooperación es así canalizada por el régimen para construir un mundo acorde

---

* Espluga, Eudald. *No seas tú mismo: Apuntes sobre una generación fatigada*. Barcelona: Paidós, 2021.

** Rolnik, Suely. *Esferas de insurrección*. Buenos Aires: Tinta Limón, 2019, 28; cf. Valls Boix, Juan Evaristo. *Suely Rolnik. Descolonizar el inconsciente*. Barcelona: Herder, 2024, 7ss.

con sus designios».* La fuente de la que el régimen capitalista extrae su fuerza no es solo económica, sino «intrínseca e indisociablemente cultural y subjetiva», concluye. Así, todo lo que no crece o sonríe es defectuoso, las cosas que no son creativas están muertas, todo lo que es habitable –porque no crece, sino que se repite– se vuelve sospechoso. La vida se arma como un proyecto que tiene por meta la felicidad, esto es, amasar capital hedónico: dar la mejor versión de sí mismo, aprovechar cada instante como un inversor existencialista, superarse incesantemente como un negociador trascendental.

Desde un análisis biopolítico, Christian Laval y Pierre Dardot han denominado a esta nueva tecnología del poder que gobierna el deseo y vuelve eficientes las emociones como «dispositivo de rendimiento-goce». Nos explican que «ya no nos encontramos frente a las viejas disciplinas que se dedicaban, mediante la coacción, a amaestrar los cuerpos y doblegar los espíritus para hacerlos más dóciles».** Daniel Bell ya había mostrado las tensiones entre el ascetismo austero del primer liberalismo y el gustoso hedonis-

---

* Rolnik, Suely. *Esferas de insurrección*. Buenos Aires: Tinta Limón, 2019, 28.

** Laval, Christian y Dardot, Pierre. *La nueva razón del mundo. Ensayo sobre la sociedad neoliberal*. Barcelona: Gedisa, 2013, 360.

mo de las sociedades del consumo, una tensión que alcanzó su culmen en los años 1950. Laval y Dardot, además de otrxs pensadorxs como Berardi, señalan así que el tránsito del fordismo al posfordismo, o de una economía industrial a una economía terciaria, coincide con el tránsito de la disciplina al estrés como tecnología de gobierno. «Así se entreveía, sin poder todavía observarla», razonan Laval y Dardot, «la resolución de esta tensión en un dispositivo que identificaría rendimiento y goce, cuyo principio es el del "exceso" y la "superación de uno mismo"» (ídem). En la era del capitalismo afectivo, continúan los autores, «se trata de ver en el sujeto activo que debe participar totalmente, comprometerse plenamente, entregarse por entero en su actividad profesional».*

El ser deseante es el nuevo objetivo del poder, en su gobierno está la clave para salvaguardar el capital y su crecimiento ilimitado: la plusvalía se convierte, ahora, en un «plus-de-goce», y el imperativo que guía la socialización ya no es el lúgubre «¡obedece!», sino el asfixiante y festivo «¡goza!». «*Whatever you do, enjoy it!*» es el lema que reza un póster que mi hermano ha colgado en todas las casas en que ha vi-

---

* Laval, Christian y Dardot, Pierre. *La nueva razón del mundo. Ensayo sobre la sociedad neoliberal*. Barcelona: Gedisa, 2013, 331.

vido, junto a su ordenador. El convencimiento ideológico de que la pasión es, a la vez, un escudo para la precariedad y el mejor antídoto para los tiempos de crisis domina tanto los *curricula* educativos como la cultura empresarial contemporánea. El dispositivo rendimiento-goce es, así, el mecanismo principal de la fábrica del sujeto neoliberal, que ya Foucault bautizó como el «empresario de sí mismo» (2016). Ahora, reconozcámoslo, ya no trabajamos solo con el cuerpo o con la cabeza, sino que ante todo trabajamos con el corazón, con el poder del corazón: son nuestras almas las que son explotadas en este mundo digital que nos condena a la pantalla, a diseñar nuestra vida en su totalidad como un trabajo, y a hacer de nuestro trabajo el espacio único y definitivo en que nuestra vida tiene sentido, se desarrolla y se consume.

En esta línea, Sloterdijk ha mostrado (2011) que las sociedades contemporáneas pueden entenderse como grandes cuerpos estresados, como si lo que mantuviera su estabilidad fuera una constante dinamización, y todos los medios de comunicación, independientemente de la información o el contenido que generen, fueran ante todo medios para producir estrés, para garantizar la máxima activación emocional del cuerpo social. Si reconocemos que la felicidad se convierte en capital hedónico en la era del capitalismo afectivo, la economía libidinal de la excitación define el conjunto de mecanismos que conforman nuestro régimen inconsciente para conducir constantemente el deseo a su apogeo, como si fuéramos una suerte de adictxs –la metáfora, ya clásica, es de Deleuze (1992)– que necesitan su dosis de placer para sentirse vivxs, adictxs que solo están bien cuando están *high* –que solo son alguien en el apogeo del chute–.

Por ello Mark Fisher tuvo la lucidez de hablar de «hedonia depresiva»,* a saber, nuestra incapacidad para hacer cualquier cosa que no sea buscar placer, como yonkis o zombis hedónicxs. La impotencia generalizada** que experimentamos hoy, o la depresión entendida como un sentimiento público y no como patología privada,*** se caracteriza entonces como la intolerancia del displacer, o el consumo masivo e ininterrumpido de estímulos. Quizá por ello usamos nuestros teléfonos casi tantas horas como estamos despiertos, o no encontramos nada que calme nuestra ansiedad, porque todo está diseñado para

---

* Fisher, Mark. *Realismo capitalista. ¿No hay alternativa?*, trad. de Claudio Iglesias. Buenos Aires: Caja Negra, 2016, 50.

** Virno, Paolo. *Sobre la impotencia. La vida en la era de su parálisis frenética*, trad. de Emilio Sadier. Buenos Aires: Tinta Limón, 2021.

*** Cvetkovich, Ann. *Depression: A Public Feeling*. Durham, NC: Duke University Press, 2012.

despertarla. Parece que es imposible el aburrimiento, aunque todo es extremadamente aburrido en su repetición hipnótica del ritual del éxito. Nos vamos sumiendo en una forma nueva de fatiga, el cansancio hedónico, donde el aburrimiento ya no consiste en esa lentitud extrema en que las horas no pasan y los relojes se derriten (*Langeweile*, escribía Heidegger), sino en algo distinto: en un hartazgo (*überdruss* es el otro término alemán para «aburrimiento»), un empacho de placer y un FOMO *(fear of missing out)* estructural. Aletargadxs delante de la pantalla, agotado nuestro deseo y aún desbordado de placeres, incapaces de atender a nada porque necesitamos atenderlo todo, nos vemos privados de la capacidad de decir no, de resistir y de disentir. Porque la negativa es el obstáculo insalvable del capital hedónico, que busca nuestro asentimiento en nombre de la alegría y la felicidad que no podemos no querer. Entonces, el conflicto desaparece. La crítica desaparece. Se evitan las objeciones. El imperio de la felicidad es el imperio del asentimiento, de la normatividad del placer y la seducción obligatorios, y tal es el imperativo del deseo en el mundo digital.

En suma, por decirlo en palabras de Sara Ahmed, «la felicidad no solo se convierte en una responsabilidad individual, una reformulación de la vida como proyecto, sino también en un instrumento; es decir, un medio para un fin, y no solo un fin en sí mismo. Nos hacemos felices como si se tratara de una adquisición de capital que nos permite, por su parte, ser o hacer esto o aquello, e incluso conseguir esto o aquello».* En nombre de la felicidad y sus promesas, nos mantenemos apegadxs a vidas que no funcionan, lastradas por la precariedad y el malestar. En nombre de una fantasía de vida plena realizada a través de nuestro *dreamjob*, seguimos avanzando en el desierto de lo real, explotadxs a cambio de más bien poco, sumidxs en lo que Berlant denominó «optimismo cruel» (2020): pues, si la felicidad es el modo específico que adopta el capital en la sociedad neoliberal, pocxs son lxs felices, y la mayoría somos lxs explotadxs hedónicamente en nombre de la felicidad, sujetxs a vidas tristes, impotentes y resentidas que tenemos que habitar con una sonrisa ciega, esperando el éxito o el pelotazo, el milagro o la quimera –que nunca llegan–. Nuestra educación sentimental se basa en el entusiasmo,** en implicarnos plenamente en nuestra propia explotación, en buscar a toda costa un trabajo que amemos, aunque no nos ame, aunque se trate de un amor no correspondido y maltratador. Recuerdo

---

* Ahmed, Sara. *La promesa de la felicidad*. Buenos Aires: Caja Negra, 2021, 34.
** cf. Zafra, Remedios. *El entusiasmo*. Barcelona: Anagrama, 2017.

que los Digimon y los Pokémon evolucionan y alcanzan la fuerza necesaria para vencer en la batalla cuando sus entrenadores lloran, cuando sienten empatía por ellos, cuando lo desean muy fuerte, desde lo más profundo de sus cuerpos pixelados.

La sacralización de la felicidad como forma nueva del capital tiene, desde luego, una hagiografía, un imaginario de modelos y referentes. Son lxs deportistas y su obsesión por el récord y la superación hasta la destrucción del cuerpo, pero es también la figura del empresario-artista, como Steve Jobs o Jordan Belfort: la leyenda de comenzar con nada, en un garaje o una escuela de diseño o como corredor de bolsa en una empresa exigua, y creer ciegamente en un proyecto o un sueño. Así, toda la iconografía del artista románticx se traslada a la figura del empresario: alguien que lo consiguió todo gracias a su genialidad y la ambición de su deseo *(Think big!)*, que está siempre trabajando, que es excéntrico e incomprendido, pues nadie conoce los frutos de su inspiración, y cuyo virtuosismo no pasa por inventar nuevos géneros artísticos ni nuevas técnicas pictóricas, sino nuevos modelos de empresa, nuevas formas de crear valor –hacer dinero–. La creatividad, entendida como producción de diferencia, es la base del capitalismo emocional, y por ello sus competencias y valores morales se transmiten ya en la escuela y se pregonan en la empresa. Como ya señaló Hito Steyerl, la empleabilidad adopta el modelo de concursos televisivos como *America's Got Talent*, *MasterChef* u *Operación Triunfo*.

«Stay hungry, stay foolish» fue el lema que Steve Jobs transmitió en su discurso a lxs graduadxs de Stanford en 2005 (el año de la decimotercera temporada de los Power Rangers, cuando abrieron una academia de policía interestelar): ser insaciable y no conformarse con nada, que no haya nada que nuestro deseo no abarque, nada que lo contenga ni lo sacie. Pero el hambre y la estupidez se han convertido en nuestra pobreza afectiva, son la forma que adopta hoy nuestra vulnerabilidad. Y con este asentimiento insomne a nuestra propia devastación, nada nos hace más pobres y frágiles que la incapacidad para decir no.

En defensa de los afectos negativos

Si las pasiones alegres se han resignificado como declinaciones del capital hedónico y son producto de la explotación y el gobierno del deseo, solo a través de una política del malestar* podremos armar

---

* Valdés, Alicia. *Política del malestar*. Barcelona: Debate, 2024.

una firme resistencia. Ahora que la violencia se ha trasladado al terreno de los afectos, es allí donde habremos de presentar batalla: la emancipación no llegará cuando nuestros deseos sean satisfechos, sino cuando revolucionemos el modo en que deseamos. Y en ello consiste la política de los afectos: en imaginar formas de vida deseables más allá de la afectividad capitalista. Aquello que Fisher denominaba «deseo postcapitalista» (2024) vendrá de la mano de un cambio profundo en el régimen del inconsciente, de un sabotaje de la economía libidinal de la excitación. Si ya no son el entusiasmo, ni la ilusión, ni la euforia las pasiones de la revuelta, ¿cuáles son hoy los afectos de resistencia? ¿Cómo es el deseo disidente, el deseo insubordinable, un deseo de desobediencia?

En la era del capitalismo afectivo, donde la felicidad se ha convertido en explotación hedónica, la alternativa política comienza con una tenaz defensa de los afectos negativos, aquellos que componen una economía libidinal que ya no es de la excitación, sino, quizá, de la deflación, o de la calma: una economía libidinal plana, un deseo de placidez. Si los afectos negativos guardan todavía un potencial revolucionario es porque nos permiten parar allí donde el poder nos exige circular. Si nuestra condena es una carrera infinita por las autopistas del deseo, la desobediencia consiste en detenerse y abandonar la carretera para vagar en el desierto circundante. La dimisión, el rechazo y la deserción (abandono del campo de batalla, abandono de la oficina, ahora me rindo y eso es todo) constituyen, para autores como Berardi (2024), Fernández-Savater (2024) y Honig (2021), la gramática que animan los afectos negativos como afectos de resistencia. El límite que imponen a la tormenta hedónica del capitalismo es el refugio que necesitamos para organizar los cuidados y su horizontalidad, ajena al crecimiento.

Defender el potencial político de los afectos negativos implica, antes que nada, despatologizarlos y desestigmatizarlos. Como bien observa Ann Cvetkovich, lejos de atraer la inercia, estos afectos son una fuente de acción política, que brinda nuevas formas de vincularse, comprometerse y afiliarse, e inauguran nuevos modos de socialización.* Defender los afectos negativos, en lugar de esconderlos o contenerlos, supone ponerse a la escucha del malestar, de un malestar que es compartido y que atraviesa toda la sociedad, pues es síntoma y condición de posibilidad del sistema neoliberal: los afectos negativos, de la rabia al resentimiento, de la depresión a la melancolía o la pereza, inauguran un vínculo desde la vulnerabi-

---

* Cvetkovich, Ann. *Depression: A Public Feeling*. Durham, NC: Duke University Press, 2012, 6.

lidad, desde el dolor concreto, y es gracias a ese mapa de los cansancios y fatigas compartidos, y no por la afilada competencia, que podemos encontrarnos. Si reconocemos la impotencia que nos vincula y las heridas que habitamos, aunque no tengamos nada en común más allá del dolor capital, podremos inventar una convivencia basada en el cuidado y en el hábito antes que en la superación. Pues si se trata, como recuerda Jun Fujita, de imponerle un límite absoluto al capitalismo (2021) cuando su esencia consiste en crecer, la placidez de un deseo que se tumba en lugar de erguirse es quizá la clave para desabastecer la monstruosa máquina y volvernos ingobernables.

Un análisis materialista de la historia y sus revueltas nos recuerda, como hace Fisher* evocando a Plan C (2014), que cada fase del sistema capitalista tiene sus propias disposiciones afectivas, así como sus afectos reactivos dominantes. Los afectos negativos son aquellos que convierten la impotencia en potencia-de-no, en resistencia. Su dinámica es la de la retirada del deseo en lugar de su plena implicación. De este modo, como observa Lapoujade, «el "yo no aguanto más" no es, por lo tanto, el signo de una debilidad de la potencia, sino que, por el contrario, expresa *la po-*

---

* Fisher, Mark. *K-Punk – Volumen 2. Escritos reunidos e inéditos (Música y política)*. Buenos Aires: Caja Negra, 2020, 432.

tencia de resistir del cuerpo».* Tras años instalados
en una psicoesfera que generaliza como condición de
su funcionamiento la hiperestimulación y la euforia,
no nos queda sino la devastación de la impotencia, la
depresión como un sentimiento público y colectivo:
una suerte de psicodeflación, en términos de Berardi
(2022). Este retraimiento del deseo ha de ser el punto de partida para cualquier resistencia afectiva.

Distintxs autorxs han encontrado en los afectos negativos un revulsivo político contra el circuito poli-
cial del deseo, y mencionaré tan solo algunxs de ellxs.
En *Los fantasmas de mi vida* (2018), Mark Fisher
ha resignificado la melancolía para combatir la lenta
cancelación del futuro. Pues si el melancólico es aquel
que no sabe perder, que se niega a perder, la melancolía es la afirmación de esos futuros perdidos y no
vividos que permanecen latentes en el pasado, como
una promesa: si desconfiamos del relato unívoco de
la historia, hay una potencia de futuro en los archi-
vos del pasado, donde residen todas aquellas posibilidades alternativas que no llegaron a explorarse. La
melancolía confronta el tiempo lineal ascendente de
la Historia para rechazar la imposición de un futuro

---

* Lapoujade, David. *El cuerpo que no aguanta más. Nietzsche y Deleuze*, trad. de Marcela Rivera. Santiago de Chile:
Luciole Ediciones, 2024, 29-30.

único sin horizonte ni oportunidades, y exige reescribir el pasado para inventar un futuro alternativo. La melancolía, como política afectiva de la historia, lee el archivo como hauntología e invoca sus espectros.

La reflexión de Cvetkovich sobre la depresión (2012) es una vindicación por politizar el malestar en lugar de patologizarlo. Cuando el malestar se patologiza, se reinserta en el circuito del capital como una tara o un obstáculo individual que debe ser corregido mediante psicofármacos u otros medios. Como patología individual, la depresión resulta privatizada y desconectada de las condiciones contextuales que la alientan, como si tan solo se interpusiera caprichosamente al éxito del padeciente. Cvetkovich, al contrario, reconoce la depresión como un sentimiento público, como el reverso al exceso de positividad que atraviesa toda la sociedad capitalista, extenuada por la sobreexposición al bombardeo de estímulos. En la depresión, Cvetkovich encuentra nuevas formas de narrar la vida, disidentes con la linealidad ascendente del éxito y la autosuperación, y sobre todo reconoce, en la dimensión compartida del dolor y el agotamiento, una solidaridad nueva, un vínculo desde la herida que anima dinámicas de apoyo mutuo. Si entendemos la depresión como un sentimiento público, un dolor político y no privado, recuperaremos la conciencia de clase a través del dolor colectivo.

En un diagnóstico afín al de Cvetkovich, Quintana entiende la depresión como una forma de impotencia, y privilegia los afectos de la rabia y el resentimiento como las principales configuraciones políticas del malestar ante la precariedad y privación de tal impotencia. De la propuesta de Quintana interesa el modo en que lee la impotencia afectiva como una fuerza en disputa*: la psicodeflación y sus malestares pueden capitalizarse como resentimiento, un pliegue conservador de la afectividad que trae consigo la vuelta a valores ultratradicionales, familiaristas, racistas y excluyentes. Aunque también puede, en la línea que propone Cvetkovich, politizarse como rabia y alentar un cambio social: ser una versión actual de «el deseo de cambiarlo todo».** Una lógica inmunitaria o una transformadora, o el resentimiento o la rabia, tal es el modo en que la disputa política por la hegemonía se articula desde su condición afectiva. La rabia, en su clamor negativo, no es necesariamente violenta, ni tampoco puramente negativa. Su negatividad radica en disentir de la economía libidinal de la excitación, pero, como ocurre con otros afectos, se arma de una hibridación de pasiones: la

---

* Quintana, Laura. *Rabia. Afectos, violencia, inmunidad.* Barcelona: Herder, 2021, 25-26.

** Gago, Verónica. *La potencia feminista. O el deseo de cambiarlo todo.* Buenos Aires: Tinta Limón, 2019.

«militancia gozosa» de Federici* o la «no-violencia agresiva» de Butler** son declinaciones afectivas de la rabia mezcladas con alegría, júbilo y esperanza, donde el rechazo de la explotación hedónica se conjuga con una afirmación radical de la vida más allá de su eficiencia.

Otros afectos negativos con potencial político para desbaratar los imperativos neoliberales de goce podrían mencionarse, además de la rabia, la melancolía o la depresión. No obstante, prefiero no escribir más y concluir esta gramática de la resistencia afectiva con la pereza, que es el afecto que más quiero. Del latín *pigritia*, la pereza siempre ha expresado flojera, blandura, una fuerza débil o flaca: efectivamente, la potencia de resistir de un cuerpo, ese cuerpo que no aguanta más, y por eso puede parar y tumbarse. La pereza es la fuerza de no hacer nada, la que a todas horas nos falta para desacatar el poder perverso del corazón. La pereza es una fuerza destituyente, no instituyente; es un deseo de desobediencia y desmovilización, no de crecimiento. Y, sobre todo, la pere-

---

* Federici, Silvia. *Ir más allá de la piel. Repensar, rehacer y reivindicar el cuerpo en el capitalismo contemporáneo*. Madrid: Traficantes de Sueños, 2022, 181ss.

** Butler, Judith. *El género en disputa: el feminismo y la subversión de la identidad*. 1.ª ed. 12.ª reimp. Barcelona: Paidós, 2020, 35.

za, como fuerza, es una fuerza del cuerpo, que desbarata los planes del sujeto y pervierte su *performance* eficiente: nos recuerda la diferencia perfecta entre la voluntad, autoritaria, y el deseo, que insiste como diferencia, en su desdén por los cauces impuestos. No porque dice «más», como quiere el imperativo cultural de la alegría, sino porque dice «otra parte», «ya no», «preferiría que no». Y cuando nuestra vida es buena, si acaso la vida nos gusta tanto que no deseamos otra, el deseo perezoso es un deseo de hábito, un deseo que dice «otra vez», que todo se repita otra vez, no vayamos a ninguna parte: ¡quedémonos en casa! Los deseos perezosos no avanzan ni crecen, sino que divagan. Lo suyo no es la creatividad, sino el recreo y la decreación.

Como afecto negativo, la pereza es un deseo plácido, de la calma y la planicie: un deseo de inclinación, un gusto por el cuidado como forma de estar sin crecer. El deseo perezoso consiste en respirar, no en aspirar; en permanecer, no en avanzar. Es la perseverancia en el ser sin objeto ni propósito, en la negatividad sin empleo, que abraza y afirma un cuerpo en su inmanencia, sin función, sin eficiencia, sin utilidad, sin símbolo, casi un hiato hecho de carne: el cuerpo, como una holgura, como holganza o huelga, eso que falta y llega tarde a acoplarse en los sentidos, o no cabe en su ropa y la desborda. La economía libidinal de la excitación, que nos llama a superarnos y mejorar la versión actual de nosotrxs mismxs, produce un sentimiento persistente de desprecio y autoodio: ¿cómo vamos a buscar una mejor versión de nosotrxs, si no rechazamos y aborrecemos la que tenemos, lo que somos? Y así, las dinámicas crecentistas de la felicidad y sus euforias cultivan el horror de la propia imagen inacabada, el terror de la insuficiencia constante que un cuerpo no puede dejar de ser, porque tiene horizonte y porvenir. Pero, al no tolerar la falta ni la ineficiencia, la felicidad no tolera la vida, extrañamente. El capital hedónico nos condena al horror de nosotrxs mismxs, a volvernos aborrecibles e insoportables a nosotrxs mismxs. La pereza, al contrario, es un abrazo a nuestra condición horizontal, allí donde nos liberamos de la carga de nuestra identidad y todas sus imágenes. Es un modo de amar sin méritos y sin proyecto, esto es: casi la única forma de amar posible.

En su exposición «À toi de faire, ma Mignonne», celebrada en el museo Picasso de París entre 2023 y 2024, Sophie Calle se propuso establecer un «catálogo razonado de lo inacabado». Su proyecto estaba motivado por el convencimiento de que solo las cosas inacabadas están vivas, y por ello coleccionaba las ruinas y borradores de sus proyectos fracasados o no ejecutados. Si la pereza aborrece el trascendentalismo de la felicidad y sus proyectos, es porque abraza la vida en su ruina, la vida sin objeto, la vida sin méritos ni utilidades, la vida como falta, como espacio en blanco. Ante ese abismo de no ser nada ni valer para nada, la pereza se asoma y sonríe, espera la respuesta del eco. Vaciar un espacio, dejarlo vacío, es un proceso laborioso, aunque esté consagrado a la nada y a lo hueco. Y ese vacío ha sido para demasiados filósofos motivo de náusea o angustia, levedad insoportable, abstinencia cruel para el yonqui hedónico que somos. Pero si entendemos que solo las cosas inacabadas están vivas, y reconocemos que la vida mejor es la vida sin horror, encontramos en ese vacío un parque, una cama, una pista de baile, un colchón mullido en que caer y tumbarse a descansar, a habitar, para sostenerse en la nada, como cuerpos ingrávidos.

¿Qué se hace cuando no se hace nada? Cuando no se hace nada se escuchan los ruidos de una vida al desperezarse. Hacer la nada es también montar una huelga y sindicarse, rechazar las seducciones del capital, renegar de los imperativos de la felicidad, decir no al menosprecio que nos impone un sistema autófago que no existe si no crece. En su rechazo salvaje a todos los verticalismos, la pereza nos enseña a amar a fondo perdido.

Afectada: Sara Torres

Si el placer sí

Tu texto me afecta. Leí «capital hedónico» y el término me atrapó. Supe que tu discurso me afectaba cuando pensé que, a partir de algunas de sus ideas, había una conversación posible: habías facilitado un intercambio que yo deseaba tener, pero no sabía bien con quién. Tu texto despertó en mí un deseo de hablar, nerviosismo de la boca cerrada en soledad, de la boca lectora, que eventualmente puede desaguar en escritura. No obstante, los términos en los que me surgía la respuesta me hacían pensar que tal vez fuese imprecisa, estuviese fuera de lugar. ¿Cuál es el lugar de esta conversación? ¿Cuál es la jerga, el contexto? ¿La crítica cultural, la teoría política, el amplio y a la vez restrictivo marco del pensamiento crítico? ¿Desde dónde puedo hablar yo? Voy a escribir sobre capitalismo y placer y solo dispongo del cuerpo y del vago recuerdo de algunas nociones de filosofía que leí hace tiempo.

Asiento; escribes «El capital es una acumulación de explotaciones, una acumulación de violencia» dices, «sutiles formas que el capital ha ido adoptando en la segunda mitad del siglo pasado»; nombras el ser-aparecer, lo espectacular, capital como acumulación de imágenes impactantes. Asiento; llegas a la propuesta que me hará querer responderte:

> Entre todas esas formas, que redefinen incesantemente el ser social, destaca una por sutil y paradójica: la llamaré capital hedónico, lo conocemos habitualmente como felicidad. Esta extraña forma de capital caracteriza, en su especificidad, la lógica y el ser social del capitalismo de las últimas décadas, que solemos denominar neoliberalismo. Quiero definir esta forma del capital pervirtiendo una vez más a Marx: la riqueza de las sociedades –la felicidad– en las que domina el modo de producción neoliberal aparece como una «gigantesca acumulación de placeres», y el placer, como la forma elemental de esa riqueza. Por eso nuestro estudio empieza con el análisis del placer.

Un análisis del placer en el contexto de nuestro tiempo socioeconómico compartido es la propuesta. Tu texto ofrece la macroestructura y el mío, respuesta chiquita en la escala de lo micro, pensará redefiniciones de la noción de placer que nos permitan un horizonte de relación no extractivista con el término. Ahora, una pregunta lícita podría ser: ¿por qué empeñarme en liberar la noción de «placer» de las prácticas y las ideologías del último capitalismo?, ¿por qué querer hacerlo nuestro, significarlo desde un lugar valioso fuera del sistema de explotación de los cuerpos que trabajan de forma visible e invisible? Pienso que el desarrollo de una ética del cuidado de la vida es improbable sin una atención positiva, alegre y política a la noción de placer.

En un contexto digital donde la representación del placer aparece peligrosamente unida al imperativo de consumo, parece difícil, y a la vez urgente, el ejercicio material-simbólico de separación de estas dos realidades. ¿Podemos hoy mirar imágenes de cuerpos en situaciones placenteras sin de forma inconsciente vincular acceso al placer y consumo? ¿Podemos, por ejemplo, contemplar la foto de un cuerpo en Instagram, reposando bajo el sol, con una pieza de fruta en la mano, sin pensar en las obligaciones o en la ausencia de estas, en el dinero o en la ausencia de este? Hemos asimilado que el placer se compra, es algo que podemos o no «permitirnos». El cuerpo que goza es sospechoso, nos inquieta y nos atrae su privilegio.

Luego, del otro lado, está la vergüenza: para protegerse del odio o del juicio, un cuerpo trata de no representarse descansando, gozando de placeres no productivos. Cuando habla de sí, en el relato que resume su jornada, ese cuerpo tratará de contar lo que le causó esfuerzo y displacer. El día que abrió un hueco en su agenda para el goce de lo inmanente, si le preguntan, tomará un desvío, afirmará que también existieron el cansancio, la ansiedad, el esfuerzo. Si escapó del trabajo, si desatendió el WhatsApp y las demandas sociales, si fue por fin tránsfuga, por miedo no lo compartirá. «¿Qué tal fue hoy?». Se responde con una lista de actividades. Queremos saber qué está haciendo el otro, no cómo se siente.

*

Pienso en el placer como un estado amable de participación sensorial del cuerpo-mente con su entorno.

La infancia, observación de unas vacas pastando en las montañas de Asturias un día de primavera, sin lluvia ni frío. Abundancia de comida, compañía de otras, posibilidad de movimiento y desplazamiento del cuerpo por el territorio, ausencia de peligro o depredación, ausencia de ansiedad por posibilidad de peligro o depredación. Sin campana al cuello que abrume con su sonido constante, sin un animal que de forma evidente domine al grupo, imponiendo su hambre o su pulsión sexual. Abundancia de alimento, abundancia de tiempo para pastar lentamente, visión de los pastos verdes y llenos, ninguna imagen psíquica angustiante, ninguna alucinación de un futuro de nieve o sequía. Regreso del bolo alimenticio a la boca: la rumia de la vaca sucede en el descanso. Horas y horas el cuerpo echado junto a otros, en un lento masticar.

Pienso en el placer como el estado del cuerpo que se sirve a sí mismo, trabaja para sí. Pienso en mi experiencia del placer como un momento de participación no atravesado por el juicio, o la culpa, o la ansiedad. Aunque justo después de ese momento, y detonado por haberme «permitido» abandonarme a él, puedan surgir la ansiedad, el juicio, la culpa.

*

«Capital hedónico», «gigantesca acumulación de placeres», pero acceder al placer no es tan sencillo, si acaso hoy parece que solo una acumulación de estímulos que producen una respuesta de adhesión, incluso de adicción, es posible.

Tal vez, para hablar de la posibilidad de acumular el placer de forma gigantesca, necesitamos una defini-

ción de placer que lo estreche y que no tiene que ver
con un desarrollo alegre de los sentidos en contextos
de libre albedrío. Entonces sí, el placer sería una respuesta corporal de adhesión a un objeto o proceso,
mientras que su opuesto, el displacer, sería a menudo causado, no por un agente externo, sino por el
propio cese de acumulación de placeres. Dopamina,
síndrome de abstinencia.

Pienso en la relación de mi cuerpo con una plataforma como Instagram: recibe estímulos visuales según
un algoritmo que supuestamente persigue la afinidad en el gusto. Mi mirada viaja a través de vídeos
de capibaras compartiendo mimos con otras espe-
cies, una neuróloga que habla de la forma en que
el trauma configura el cerebro y sus usos, lesbianas
construyendo una cabaña de madera en medio del
bosque, dibujitos no antropomórficos que se acurru-
can juntos en un sofá al final del día. De pronto,
la aparición en pantalla de un vídeo que me desa-
grada corta la cadena de placer. Si mi cuerpo antes
estuviera solamente participando de una actividad
placentera, con la llegada del displacer podría quizás
abandonar la mirada y el teléfono, pero la promesa
de otro vídeo mejor me impide reaccionar ante un
estímulo desagradable y por tanto me engrana en un
proceso que, considerado de forma integral, no es en
absoluto placentero.

No lo es, mi cuerpo duele y se tuerce mientras sujeta el teléfono. No puede percibir otros placeres integradores: la luz del sol que entra por la ventana, el sabor de la sandía, la comodidad del colchón bajo la espalda, el gusto táctil de la sábana, el olor de la amante que sostiene su propio teléfono a mi lado.

*

Redefinir, defender.

El juego placentero: posibilidad temporal de olvido del peligro y el dolor, que facilita una disposición hacia el aprendizaje motivada por la curiosidad y no por el miedo. Que da acceso a una versión del mundo donde no somos esclavas: de un temor, una norma, un tabú, un límite.

Este placer pertenece al presente y, como tal, no es acumulable, pero su presencia más o menos continuada deja unos efectos en el carácter: seguridad, calma, amabilidad, deseo de vida, generosidad en el amor.

Un arte del placer aprende a sortear la adicción, la servidumbre y el exceso. Cultiva la abundancia, la generosidad.

*

Como doctrina filosófica, se puede decir del hedonismo que está orientado a la búsqueda de una vida intensificada a través del placer, pero no de cualquier placer. Como ética, requiere el aprendizaje de la distinción de qué placeres parten de deseos necesarios para la alegría del cuerpo, y cuáles no. Los estímulos hiperadictivos del consumo capitalista no dan acceso a la satisfacción de deseos vitales, ni suprimen el dolor, sino que, creando nuevas servidumbres, normalizan la incomodidad del cuerpo productivo a través de un entorno de captación sensorial acelerado. Para encubrir el espejismo de una cadena de satisfacciones parciales, se prescribe la felicidad como único ánimo socializable:

> Disimular la pena, aguantarse las ganas de llorar o hacerlo donde nadie nos ve –como en un párking o un ascensor, como en un baño–, maquillar las ojeras del cansancio o el desánimo, convertir las negativas en excusas y dilaciones, parapetarse en una sonrisa perenne de metacrilato para reprimir o bloquear el odio y la rabia, es la contraestrategia para evitar que nuestro capital hedónico mengüe.

Creo que considerar, con responsabilidad ética y mirada hedonista, que la vida tiende a buscar la alegría o la felicidad es radicalmente distinto a la prescripción de la felicidad obligatoria, cuyo objetivo es tapar la angustia, la desafección y los estados tristes.

La búsqueda de una vida placentera, sin embargo, necesita de la comprensión y la socialización del dolor y la angustia, pues solo el abrazo de estos afectos nos permite comprender las causas de la tristeza. Los afectos tristes dan al cuerpo la sabiduría necesaria para entregarse al placer de forma plena, empática y agradecida.

Tal vez, si queremos cuidar la vida, tengamos que tomarnos muy en serio la búsqueda de un discurso y unas prácticas del placer que hablen más allá del enganche o el bienestar hiperdependiente del consumo. Una ética del placer vinculante, donde la búsqueda de placer no es individualista, se extiende a un principio de deseo igualitario de alegría, esto es, la afirmación del derecho a una vida en el placer, lo más protegida posible de la angustia y la violencia, para todxs lxs vivientes.

Capítulo 3

Afectos inadecuados.
Algunas notas sobre *la Mal*

Marta Echaves

Si no podemos ser violentas concentraremos en nuestros cuerpos, afectos y colectividades el peso mortífero de la violencia normalizante.

JOTA MOMBAÇA

Rendirse es mucho más peligroso que luchar.

LESLIE FEINBERG

El concepto *la Mal* apareció gracias a la invitación que Nuria Gómez Gabriel me hizo para escribir un texto en el catálogo de su exposición *Las Malas* (Inéditos 2022, La Casa Encendida). Allí ella escribe:

Decidimos tomar prestado el nombre del infierno revolucionario de las malas* como punto de par-

---

* *Las malas*, novela de Camila Sosa.

tida de la génesis de nuestra propuesta curatorial que como la novela sería un rito de iniciación un cuento de hadas y de terror un retrato de grupo y un manifiesto explosivo contra aquello que aterra a las sociedades bienpensantes... una confluencia de artistes en las que lo que se comparte no sería un lenguaje o un estilo determinado sino una orientación existencial... una sensibilidad que agita los prejuicios morales que nos han llevado a comprender la idea de maldad desde un marco que ha predeterminado nuestros estares-en-el-mundo y la consecuente exploración del MAL como estructura social y política pero también filosófica psíquica y material porque la herida del MAL está ahí como lo están sus ondas y sus corrientes...*

Nadie escribe sola. Los conceptos que se vuelven talismán se articulan entre complicidades y préstamos. Caen en cascada, agitados y manoseados en una especie de correveidile. Brotan del marujeo, en las sobremesas, atravesados por experiencias similares y refractarias; se trenzan en deseos de colectividad radical. Cuando Nuria me invitó, primero dudé porque no sabía qué podía aportar. Fui un poco pesada, y ella, cuidadosa, me insistía que sí, que claro que algo de *la Mal* ya se olía en otros textos que había

---

* Gómez Gabriel, Nuria. *Las malas*. Madrid: Fundación Montemadrid, 2022, 12.

escrito. Y, de repente, me vino el recuerdo con el que finalmente arranqué el texto que escribí para su catálogo. Aquel en el que describía cómo con 4 años había asfixiado a una compañera de la guardería un poco porque sí. No es que contara esa anécdota por sentirme orgullosa de ese destello de violencia, pero ese recuerdo sí me conectó con toda una serie de contradicciones que habitan mi cuerpo en relación a la feminidad, a los atributos que por haber sido inscrita biomédicamente en el régimen cisheteropatriarcal como «mujer» supuestamente me correspondían. Decidí entonces que escribiría a partir de experiencias íntimas: desde mis confusiones respecto a mi «performatividad» de género, desde mis privilegios y mi preocupación por estar reproduciéndolos, de mi ser una «mala feminista», de algunas posiciones que tengo en mi vida privada que no suelo hacer públicas en mis textos e investigaciones porque pueden ser malinterpretadas, de las veces que yo misma me he visto teniendo conductas que podrían considerarse violentas, del miedo a estar, sin una darse cuenta, abusando de su poder; de mi propia misoginia. *La Mal* me sirve como una provocación, se articula como un paraguas que recoge «malos» afectos no permitidos históricamente a cuerpos feminizados: afectos que no nos corresponden y que, por lo tanto, nos incomodan, afectos que tienen que ver con encarnar ciertas violencias o malas formas, con no encajar con esa idealidad reguladora de género que es el constructo mujer. Con no ser siempre buena, lo queramos o no. Surge como necesidad de un autocuestionamiento, es una llamada de atención para ser capaces de generar vidas, y deseos de vidas, no esencialistas ni neutralizadas por el poder. Porque quiero encontrar un lugar de enunciación que me permita habitar mis propias contradicciones y descentrarme del feminismo cis, blanco, clasista, liberal y purista que se autopercibe como idealidad rectora moral y política, y que se cree el sujeto político exclusivo del feminismo aleccionando con sus discursos excluyentes.

En el poemario de Mónica Ojeda *Historia de la leche* se reescribe la historia bíblica de Caín y Abel sustituyendo a los hermanos por dos hermanas, Caína y Mabel. Este sororicidio ofrecería una versión alternativa del primer asesinato de la historia de la humanidad. Una confrontación al Padre que siempre quiso tener un hijo, y cuya hija se da a sí misma la potestad de dar muerte a su propia hermana, reclamando su derecho a inscribirse en una genealogía de la violencia y los malos afectos. «La simple evocación imaginativa de otras formas de violencia ya tiene un efecto disruptivo sobre la gramática que busca garantizar la estabilidad de la representación de la violencia masculina a partir de un paralelo negativo con las posiciones feminizadas de mujeres cis, de mariconas y de travestis y otras corporalidades marcadas como femeninas y representadas como necesariamente frágiles y pasivas frente a la violencia».* En el poemario de Mónica Ojeda aparece también un verso tomado del *Macbeth* de Shakespeare, que fue una de las inspiraciones para articular la posibilidad de *la Mal*: «*Unsex me here*», declama Lady Macbeth conjurando a los espíritus, pidiéndoles que deshagan su sexo para poder ser rebosada de crueldad. Porque si su marido, Macbeth, duda de dar muerte al Rey, tendrá que ser ella misma quien cometa el regicidio. «Espesadme la sangre y cerrad los pasadizos que dan acceso a los remordimientos».** Pero *«unsex me here»* no significa tener que ser un hombre, ocupar sus atributos, para poder ser ambiciosa, calculadora y cruel. De hecho, ella no quiere ser como su marido Macbeth, que es temeroso y manipulable, sino que se refiere al deseo de despojarse del sexo que le fue asignado al nacer para poder ser poseída por los espíritus de la maldad. *«Unsex me here»* es difícil saber de forma precisa en este contexto qué quiere decir, y la prueba es que mientras algunas versiones traducen «arráncame el sexo», otras dicen: «quitadme

---

* Jota, Mombaça. *No nos matarán ahora*. Buenos Aires: Caja Negra, 2024, 72.

** Shakespeare, William. *Macbeth*. Acto 1, escena 5. Washington: Folger Shakespeare Library.

la ternura». Y no es que no sepamos el significado del verbo *unsex* en la actualidad o en el siglo XVI. Un diccionario da la siguiente definición: «*Deprive of gender, sexuality, or the characteristic attributes or qualities of one or other sex*»; en castellano: privar del sexo, la sexualidad o los atributos o cualidades característicos de uno u otro sexo.* Me interesa cómo esta expresión describe la operación de acceder a *la Mal* como un deshacer el sexo, y suspender la inscripción biologicista del género. «Muchos de los procesos sociales que construyen la masculinidad pasan por un aprendizaje de la virilidad que tiende a confundirse con el monopolio de la violencia».** El reclamo de Lady Macbeth no implicaría usurpar lo que sería propio de la cismasculinidad. No es imitar peformativamente la violencia como un repertorio esencialmente masculino, sino que con este conjuro se afirma que la maldad tiene que ser des-sexo/generizada. «*Unsex me here*» demuestra más bien cómo los cuerpos feminizados no pueden ser completamente humanos en tanto no pueden acceder a determinados repertorios de afectos y conductas.

---

* *unsex, v. Meanings, etymology and more*. Oxford English Dictionary.

** Chiricosta, Alessandra. *Contra el mito de la fuerza. Autodefensa en clave feminista*. Buenos Aires: Tinta Limón, 2023.

Lady Macbeth no quiere ser una mujer, sino una Reina por derecho propio, accediendo al lugar del soberano, que es el único que tiene derecho a dar la muerte. Aquí podríamos cuestionar, siguiendo a Audre Lorde, que las herramientas del amo nunca podrán desmontar la casa del amo. Pero justo, provocativamente, a lo que estoy apuntando es a que *la Mal*, como paraguas de determinados malos afectos, no es una característica propia de ningún cuerpo, ni monopolio de ningún sexo-género, sino que representa realidades afectivas que solo algunos cuerpos tienen que reprimir porque serán castigados si expresan esa violencia. Y como solo algunos cuerpos tienen derecho legítimo a expresarla y usarla, se cristaliza socialmente una jerarquía del valor de las vidas que delimita su capacidad de explorar con libertad las complejas cartografías afectivas de las profundidades humanas. No creo que como feministas tengamos que renunciar a códigos de afectos o emociones que se atreven a afirmar una aspiración de poder, y que se naturalizan como las formas del género dominante cismasculinas, sino que, quizás, lo que podríamos es abrir estos malos afectos a otros usos, reconstruirlos y distorsionarlos juntas.

María Salgado, analizando la letra y la manera de cantar de la Mala Rodríguez en su canción 33, nos dice: «Si te fijas, la Mala usa frases del común, po-

siblemente oídas (como por ejemplo: "El trabajo de
un hombre no lo puede hacer un niño"), y frases que
a lo mejor no pudo oír pero que –podríamos inferir–
podrían ser oídas (como por ejemplo: "No te la saco
de la boca porque no me interesa") para performar a
un sujeto concreto, un tío muy macho, y su posición
de dominio sobre las mujeres. No solo por el cambio
de voz de la Mala, que se pone más grave, nos ima-
ginamos al tipo en cuestión, sino que, por esas frases
que flotan en el espacio social y que forman parte
del discurso hegemónico, y por lo tanto, invisible,
lo oímos hablar por la voz de la Mala. Obvio que
sería muy diferente si un tío muy macho dijera esas
frases en una canción, pero a lo que voy es a que la
Mala y el tío muy macho y nosotrxs compartimos
la lengua en común, y sobre ella operamos de diferente modo, desactivando o activando consensos
sociales y semánticos de dominio tan bestia como
el patriarcal, adhiriendo o desadhiriendo al discurso
dominante».* La pregunta que nos arroja entonces
el *«unsex me here»* que declama Lady Macbeth, y la
lírica y actitud de la Mala Rodríguez, no es otra que
la de ¿qué implicaría renunciar al repertorio de *la Mal*
si existe más allá de que nosotras lo ocupemos, pero
siempre distribuido de manera asimétrica en el cuer-

---

* Salgado, María. «Un yo es un oído», en *Contar es escuchar*. Madrid: La Casa Encendida, 19 de octubre de 2021.

po social?, ¿por qué los cuerpos feminizados parecen no tener acceso ni siquiera en el plano de lo pensable y lo plausible a la violencia?, ¿acaso no estamos ya nosotras mismas inmersas en un hacer dentro de/con la violencia?

«Cuando decimos que tenemos la obligación de visibilizar y producir otros relatos respecto a la violencia nos referimos a que el impacto y las formas de vivir e interpretar lo que nos ha pasado no es natural ni esencial, sino que responde a los relatos culturales disponibles».* Mi ocupación de esos malos afectos es una maldad sentida desde una posición transfeminista, antirracista y anticapitalista, que pretende problematizar y ampliar los repertorios de afectos disponibles para estos cuerpos, y cuestionar su proceso de reparto, socialización y culturización. Invoco «un relampagueo modesto y frágil de desencantamiento para que el feminismo sea una poética del nombrar desacomodaticia y de riesgo, habla tanto de placeres y sexo como de sus conexiones con las estructuras coloniales de la violencia, que se ubica en la zona de trizaduras de los paradigmas omnicomprensivos, como una gran desorganizadora de las políticas sexuales dominantes y de nuestras pro-

---

* Hamaca i Macaya, Laura. *Conflicto no es lo mismo que abuso*. Barcelona: La Escocesa, 2023, 26.

pias vidas».* Porque, ¿quién es el sujeto adecuado del feminismo?, ¿quién tiene la potestad de definirlo y ocuparlo con autoritarismo?, ¿por qué hay feministas que en nombre de las mujeres ocupan el poder para reproducirlo tiránicamente desde sus maquillados discursos «bienpensantes»?, ¿cómo confrontar el racismo, la transfobia, el capacitismo, el clasismo… y tantas otras violencias de las que se alimentan muchas posiciones que se llaman feministas? Como escribe val flores, «hablo desde un feminismo quimérico, cimarrón, gogo, situado, irónico, lúdico, poético, molecular, prosexo, disidente, que produce subjetividades que se nieguen a resolverse e identificarse de modo único y absoluto».** *La Mal* es un guiño a esa manera de desear y practicar una política feminista que se vuelva incómoda, que no tenga aspiraciones de coherencia. Un feminismo «sombrío» que abrace la negatividad, el rechazo y su capacidad de transformación, al mantener siempre las problematizaciones abiertas y cuestionarse su relación con las pautas dominantes.

El engranaje de *la Mal* puede operar en varias direcciones. Por un lado, se permite navegar por esos

---

* flores, val. *Romper el corazón del mundo. Modos fugitivos de hacer teoría.* Madrid: Continta Me Tienes, 2021, 269.

** *Idem*, 61.

malos afectos no permitidos históricamente a los cuerpos feminizados por el orden cismasculino-blanco-heteropatriarcal. No remite a la mala mujer o a la *femme fatal* que la mirada misógina ha construido, sino a las mujeres que estorban o no encajan por no cumplir con el repertorio de atributos de género que la norma les asigna. *Estas no son formas para una señorita. Menudo carácter tienes. Eres una marimacho. Las chicas no saben pelear. Estás más guapa callada. No te hagas la listilla. Esta chica es demasiado espabilada. No seas aguafiestas. No intentes destacar. No puedes ser tan ambiciosa. Lo que necesitas es una buena polla. Prefiero hablar con tu jefe. Este es un asunto de hombres. Las mujeres somos por naturaleza cuidadoras. Las mujeres nunca mienten. La modestia es femenina. La delicadeza es femenina. Eres muy bruta y eso no te hace sexi. Follas como un hombre. No pareces una mujer de verdad. Tener la iniciativa es de chicos. Competir es de chicos. Escupir es de chicos. Gritar es de chicos.* Al abrazar estos malos afectos también se reconoce que las mujeres ejercen poder y violencia frente a otros cuerpos, y desencializa los relatos sacralizados que nos naturalizan como eminentemente «buenas cuidadoras». El imaginario de películas como *Mean Girls* puede ser tildado de misógino, pero también pone sobre la mesa la competitividad y el abuso de poder que podemos ejercer entre nosotras mismas, especialmente durante el rito de paso que es la adolescencia. No tenemos que moralizar estas situaciones, sino más bien ser capaces de reconocerlas e integrarlas para poder transformarlas, porque la mayoría de las veces son efecto de racionalidades neoliberales y de la propia reproducción de dinámicas heteropatriarcales de las cuales no estamos exentas por muy feministas que nos enunciemos. *La Mal* también me posibilita interpelar al feminismo hegemónico que esencializa la feminidad y tacha de no-mujeres a otros cuerpos cuya expresión de género desborda la norma de lo que se supone que es una «mujer». En esa dinámica de exclusión su feminismo rebosa de malos afectos que no cabrían dentro de *la Mal*, porque *la Mal,* como veremos más adelante, pese a ser una expresión de afectos violentos es, sobre todo, una ética del cuidado para todas. Pero ¿quién es ese todas?, ¿a qué me refiero cuando hablo de mujeres?

> Estoy hablando de todas aquellas personas que viajan con la etiqueta mujeres. Ningún feminismo digno de su nombre utilizaría la idea sexista de las «mujeres nacidas mujeres» para crear los límites de una comunidad feminista, para tratar a las mujeres trans como si no fueran mujeres, como si no hubieran nacido como tales, o como si fueran hombres. Nadie nace mujer, esto es una asignación (no solo un signo, sino también una tarea o un imperativo) que puede conformarnos; hacernos; y rompernos.

A muchas mujeres a las que se les asignó el sexo femenino al nacer, permitámonos recordarlo, no se las considera mujeres en absoluto, tal vez por cómo se expresan, o no se expresan, a sí mismas (son muy buenas en los deportes, no tienen un cuerpo, un comportamiento o una conducta suficientemente femeninos, no son heterosexuales, no son madres, y un largo etcétera). Una parte de la dificultad de la categoría mujeres es lo que se desprende de habitar esta categoría, los deseos que albergas, los caminos que sigues o que no sigues. Si eres reconocible como mujer, te expones a la violencia.*

Mientras mis dedos teclean en el ordenador escucho en *loop* en mi cabeza la pregunta que nos hizo Sojourner Truth: *¿Acaso yo no soy una mujer?* Mientras mis dedos teclean en el ordenador recuerdo el vídeo grabado en el metro de Barcelona en el que se ve a una mujer cis atacando violentamente a una mujer trans sin que nadie hiciera nada para evitarlo, ni siquiera las «feministas» que seguro viajaban ese día en el mismo vagón. Mientras mis dedos teclean en el ordenador, estos se crispan ante la cantidad de discursos putofóbicos, racistas y clasistas que circulan en el día a día en la calle, en manifestaciones, asambleas, universidades… defendiendo «el feminismo»,

---

* Ahmed, Sara. *Vivir una vida feminista*. Barcelona: Bellaterra, 2018, 32.

que es solo su feminismo, porque no es el mío ni el de muchas otras. Hace poco, con toda esta bronca que tenía yo encima conversé con Carmen Romero Bachiller, quien, preocupada por la manera en que estaba expresando el disgusto que tenía con el movimiento feminista, me alertó de que no podíamos renunciar al feminismo por mucho que algunas en nombre del feminismo lo saturasen con sus discursos de odio. *La Mal* de la que me interesa hablaros no son sus violencias, sino las violencias que podríamos ejercer para redistribuir la violencia estructural que ha declarado la guerra a determinados cuerpos y no otros. Pero como mujer cis y blanca, creo que es fundamental señalar las violencias que en nombre del feminismo se pueden ejercer, porque las mujeres no somos buenas, ni santas, ni cuidadoras, ni empáticas, ni justas… «por naturaleza». No quiero confundir la parte por el todo, y no quiero que la autocrítica sea leída como autoboicot, o como una posición conservadora «antifeminista». Cuestionar la deriva de ciertos feminismos que están volviéndose hegemónicos es seguir insistiendo en el feminismo, es contar otras historias feministas asumiendo también las dificultades que implica este *nosotras,* porque «donde existe esperanza existe dificultad».* Me aferro a las palabras de val flores:

---

* Ahmed, Sara. *Vivir una vida feminista*. Barcelona: Bellaterra, 2018, 15.

Me interesan más los márgenes de los feminismos que sus centralizaciones operativas bajo pragmáticas naturalistas de las palabras. Un feminismo que asume la modalidad de una red molecular de encarnaciones subjetivas, corporales, deseantes, que me estimuló a encender y comprender su potencia como praxis vital cuyo horizonte inmediato es cambiar la propia vida, cambiar los propios relatos de vida. En especial me seduce y erotiza un feminismo capaz de *hablar en lenguas* y de reírse de sí mismo.*

«belleza violencia» fue una segunda iteración del texto que escribí para el catálogo *Las Malas*. Esta vez invité yo a mi querida Kha Villanueva, feminidad travesti no binaria, actriz, artista performativa y creadora escénica, psicóloga de grupo con perspectiva transfeminista y antirracista, a que viniera conmigo a Feministaldia 2023.** Allí la idea era hacer juntas una conferencia performativa que partiera del concepto de *la Mal* en diálogo con su investigación escénica gogoteo*** para articular nuestras diferen-

---

* flores, val. *Romper el corazón del mundo. Modos fugitivos de hacer teoría*. Madrid: Continta Me Tienes, 2021, 145.

** Feministaldia.

*** gogoteo, de PORNOTOPIAcollective, crea un espacio pornotópico que se sostiene bajo sus propias dinámicas de deseo, en el que el poder y la violencia se redistribuyen en

tes experiencias en relación a la violencia que vivíamos, y la que podríamos ejercer. Las dos veníamos conversando mucho sobre esto porque somos amigas y habitamos en nuestras complicidades la ciudad de Barcelona. La asimetría en relación a la violencia que vivía mi cuerpo y el suyo era evidente: las miradas, los comentarios, los insultos, los empujones, las persecuciones, y la violencia física que me relataba no tenían nada que ver con lo que yo podía experienciar. La transfobia empieza cuando una desconoce las realidades de la vida de personas no binarias, travestis y trans, porque básicamente no tiene amigas no binarias, travestis y trans. La transfobia también se ejerce cuando se tokenizan y fetichizan esas relaciones, y, aunque esté escribiendo sobre esto, nada está más lejos de mi intención. *La Mal* me anima a poner sobre la mesa las contradicciones que habito, el runrún en mi cabeza en relación a qué sería lo políticamente responsable, a lo que las otras podrían cuestionarme, a estar haciéndolo mal, e incluso muy mal. No puedo evitar sentirme fiscalizada, pero prefiero equivocarme y movilizar cuestionamientos que creo muchas de nosotras deberíamos hacernos.

---

otras direcciones. Te invitamos a asistir y, si lo deseas, tocarnos, mojarnos, deshacernos y, tal vez, confrontar nuestras ficciones psicosexuales. gogoteo se estrenó en Antic Teatre en diciembre de 2023.

No por pertenecer al bando de las malas tenemos necesariamente la razón [...] nada garantiza que, en nuestra lucha por la justicia, actuemos nosotras mismas con justicia. Debemos dudar, templar la fuerza de nuestras tendencias con la duda; vacilar cuando estemos seguras, o incluso porque estamos seguras.*

No estoy pidiendo perdón, ni siento culpa, solo estoy problematizándome porque creo que la autocrítica es importante y movilizadora si su horizonte es político y colectivo. Compartir con la Kha las experiencias de cómo habíamos sido violentadas me hizo preguntarme acerca de las alianzas posibles entre feminidades que atraviesan diferentes realidades, de cómo las mujeres blancas y cis no podemos ni siquiera intentar tener el monopolio del miedo a volver «solas por la noche a casa» o del peligro de la agresión física o sexual, por poner algunos ejemplos. Porque cada vez que ocupamos los espacios de denuncia de las violencias estructurales que los cuerpos feminizados pueden sufrir, en muchas ocasiones borramos y silenciamos. Quizás nosotras también deberíamos aplicarnos una suerte de discriminación reparadora. Es decir, aceptar ser discriminadas

---

* Ahmed, Sara. *Vivir una vida feminista*. Barcelona: Bellaterra, 2018, 20.

para que se pueda activar algún tipo de reparación, aprender a poner nuestro cuerpo cuando otras hermanas nos lo pidan o la situación lo requiera. Resonando con Sara Ahmed, ¿cómo desmantelamos juntas el mundo que se ha construido para acomodar solo a algunos cuerpos? Es una pregunta que suelo hacerme y que moviliza otras tantas preguntas, cuyas respuestas solo podrían ser colectivas: ¿de qué manera los diferentes privilegios se pueden articular en este poner el cuerpo en la guerra declarada contra algunas de las vidas con las que convivimos en nuestras ciudades y pueblos en nuestro día a día?, ¿qué hacéis cuando sois testigos de una situación de injusticia y de violencia?, ¿cómo reaccionáis?, ¿qué afectos atraviesan esa experiencia?, ¿qué os jugáis si intervenís en la situación?, ¿quién puede ponerse violenta?, ¿qué cuerpos nunca van a ser protegidos? La Kha escribió:

> Accedo al poder colectivo que conjuramos juntas y devengo cazadora: te busco, te grito, te ahuyento, te limito, te planto cara. No te debo nada. Libro cada una de las batallas que se dan en el cruce de las miradas públicas. Te observo fijamente hasta que miras al suelo, derrotado, humillado por tu manera de estar en el mundo. Te conozco mejor de lo que te conoces tú a ti mismo. Te aterrorizamos juntas, notas este poder imparable que nos mantiene vi-

vas. Sientes a todas las que nos acompañan, a todos los fantasmas que han venido para acabar con tu mundo frustrado y reprimido que nos pide auxilio desesperadamente ante la certeza de que para los tuyos no hay futuro, y de que para nosotras nunca hubo tiempo.*

Le preguntó a la Kha si yo estoy en ese nosotras. Me responde que no siempre, que a veces también quiere cazar a las mujeres cis como yo. Luego me sonríe, de ella también he aprendido el arte de la provocación.

Mckenzie Wark nos propone un sujeto colectivo al que bautiza como «femmunista». Desplaza lo feminista por lo *femme*, y de comunismo se queda con la palabra latina de la que deriva, *munus*.** Lo co-munus era para los romanos la esfera pública atemporal y abstracta, que se presenta como universal y para

---

* «belleza violencia», conferencia performativa de Kha Villanueva y Marta Echaves en Feministaldia 2023.

** El concepto de femmunismo aparece en el libro *Raving*, en diálogo con el concepto de comunismo ácido de Mark Fisher. El juego que propone Wark interpela la noción de comunismo expresamente por esta interpelación, y en continuidad con su idea de que el comunismo, igual que el capitalismo, ya está muerto. Me interesa de este concepto sobre todo el prefijo *femme*, en cuanto que posibilita una colectividad desde una ontología del sujeto no esencialista pero que tampoco es exactamente identificable con lo queer.

todas, pero que en verdad solo remite a los hombres blancos y cis excluyendo a los cuerpos feminizados y racializados (mujeres, niños, esclavos). Entonces, lo fe-munus sería lo compartido solo entre nosotras. Wark explica cómo lo *femme* desde la mirada cis-heteropatriarcal ha estado siempre asociado a las apariencias, y no a la verdad de la cosa en sí. La reapropiación de lo *femme*, identificado históricamente con el engaño y la seducción, le sirve para cuestionar ciertas posiciones feministas que asumen que la mujer es una esencia universal «natural», que la mujer simplemente es. Las mujeres cis no podemos percibirnos como norma o un modelo que refleje y sea reflejado en el mundo, no hay naturaleza ni verdad que podamos imponer, igual que como blancas tenemos que hacernos cargo de cómo la blanquitud en cuanto régimen de poder y de saber totalitario organiza el mundo de manera injusta y desigual. El no nombrar la norma es lo que permite a quienes tenemos posiciones normativas privilegiadas un principio de no cuestionamiento y confort ontológico.

> Somos la prueba viviente de que es posible ser mujer sin referencia a la reproducción de un ideal de mujer. Creo que muchas mujeres cis también quieren eso, aunque algunas se resisten a las posibilidades que encarnamos. Pero disimuladamente estoy convirtiendo a las mujeres trans, no en un ideal en

absoluto, sino más bien en una posible vanguardia de otro tipo de feminidad.*

El femmunismo no sería un feminismo esencialista de ideales rectores, no apela a la universalidad sino a lo particular, desplegándose sensualmente en el aquí y ahora. Es una situación construida** sin promesas teleológicas porque no se contempla como un proyecto utópico, sino como una serie de tácticas para estar juntas en el mundo. Me agarro a este concepto «sudoroso» que es el femmunismo porque explicita que en ese nosotras hay las suficientes diferencias como para que lo común sea lo no-siempre-compartido. Wark subraya que en el femmunismo también hay malos afectos que no pueden ser negados, y yo añadiría entonces que el femmunismo articula una especie de vanguardia *femme* que no oculta, sino que se hace cargo del repertorio afectivo que encierra el concepto de *la Mal*. Pero al mismo tiempo *la Mal* no impediría generar conexiones afectivas y abrir espacios en los que hay un descentramiento de ciertos

---

* Trampa metafísica.

** Una situación en la que la agencia encuentra formas concretas que moldean su expresión. Una situación construida hace que un cierto arte y una cierta intención den forma al modo en que la agencia puede expresar su voluntad, su necesidad.

tipos de agresión. En el femmunismo se practica una suerte de amor lateral que nombra lo común como lo no compartido, y que no está saturado de positividad, ni de idealidad bondadosa ni de reciprocidad incondicional. Lo emparento con la manera en que Lauren Berlant propone que pensemos lo común:

> El concepto de lo común se ha convertido en una forma de positivizar la ambivalencia que satura la vida social sobre las condiciones irregulares de la justicia. No estoy argumentando en contra del deseo de un plano liso de semejanza, sino argumentando que el apego a este concepto es con demasiada frecuencia una forma de hablar de la política como la resolución de la ambivalencia y la derrota de la propia contingencia de la posición no soberana que está en el corazón de la verdadera igualdad. [...] El mejor poder de los bienes comunes es señalar una forma de ver lo que está roto en la socialidad, la dificultad de convocar un mundo conjuntamente, aunque sea inconveniente y duro, y ofrecer invitaciones a imaginar una vida provisional vivible.*

Porque violentar no es lo contrario de cuidarnos colectivamente con esperanza, ni del deseo de vincularnos con ternura las unas a las otras a pesar de

---

* Berlant, Laurent. *On the Inconvenience of Other People.* Duke University Press, 2022, 78.

las diferencias, las incomodidades y los conflictos. Es una manera de hacernos cargo de las violencias que reproducen desigualdad, injusticia y muerte en el día a día, hacia nosotras, hacia las otras, y entre nosotras. Desde el pensamiento radial negro, Fred Moten lo expresa de manera muy bella: «Nuestra ruptura también es violenta, pero no es brutal. Nosotros no contrarrestamos con fantasías de reparación la manera como ellos rompen. Contrarrestamos su manera de romper con nuestra manera de romper, que es violenta pero amorosa».*

La Kha Villanueva puso mi atención sobre el texto «Rumbo a una redistribución de la violencia desobediente de género y anticolonial», de Jota Mombaça, cuando discutía conmigo esta noción de *la Mal*. Ahí Jota afirma:

> El monopolio de la violencia es una ficción de poder basada en la promesa de que es posible concebir una posición neutral desde la cual mediar los conflictos. [...] El monopolio de la violencia tiene como premisa gestionar no solo el acceso a las técnicas, máquinas y dispositivos con los que se ejecu-

---

* «Las formas de resistencia negra son vistas como la marca de un tipo de inmadurez», entrevista a Fred Moten de María Gómez Lara en el medio digital *Semana*, el 26 de febrero de 2020.

ta la violencia legítima, sino también las técnicas, máquinas y dispositivos con los que se escribe la violencia, los límites de su definición.*

Esta monopolización de la violencia respondería a un plan, no es mera violencia descarriada e informe, sino que es un proyecto de mundo decisheteronormativo, blanco, clasista, capacitista... que implica la deshumanización de las vidas «otras». No hacernos cargo de esta «guerra» cotidiana que ya está pasando pone en evidencia el confort ontológico de quienes pueden permitirse «no ser violentos». *La Mal* remite a lo que Mombaça designa distribución desigual de la violencia. Esta se sustenta y produce cuerpos cismasculinos tóxico-viriles (de los que también son excluidos muchos hombres cisgénero por no cumplir dicho ideal de tóxico-virilidad), al mismo tiempo que concibe el miedo como única base de la experiencia posible en torno a la violencia para los cuerpos otreizados, que son automáticamente construidos como feminizados. Subrayo esta idea de que la violencia se sustenta, pero también, y sobre todo, produce esta cismasculinidad tóxica viril, porque no quiero esencializar al cuerpo masculinizado.

---

* Mombaça, Jota. *No nos matarán ahora*. Buenos Aires: Caja Negra, 2024, 64.

Hay que reconocer el género masculino también como *performance*, para poder explorar los atributos que le son naturalmente asignados y así construir modelos de género no binario. «La particularización del riesgo sobre hombres o colectivos concretos es una de las características de los modelos punitivos y de una determinada concepción de la seguridad como ausencia de ataques y no como promoción de espacios afectuosos, materialmente sostenibles y socialmente».* *La Mal* y el proyecto de Jota de redistribución de la violencia no se enmarcan dentro de un mundo de binomios esencialistas de víctimas y agresores, esta distribución desigual es efecto de estructuras políticas y sociales. Cito este texto de Jota porque creo fundamental que escuchemos y aprendamos de otras experiencias de violencia para poder luego como cuerpos cis y blancos situar nuestras propias experiencias sin monopolizar el daño. Jota propone un llamamiento a una redistribución de la violencia en cuanto exigencia práctica para algunos cuerpos y vidas: «La redistribución de la violencia es un proyecto de justicia social en pleno estado de emergencia que debe ser ejecutado por aquellas para

---

* Hamaca i Macaya, Laura. *Conflicto no es lo mismo que abuso*. Barcelona: La Escocesa, 2023, 22.

quienes la paz nunca fue una opción».* La DJ Jasmine Infiniti expresa esta realidad cuando se refiere a su estética y política musical:

> Las cosas por las que personalmente tuve que pasar y que muchas otras mujeres trans negras soportan es casi como si ya estuviéramos viviendo en el infierno. Como si una se dijera, bueno, ya que estoy aquí por qué no vivir al máximo, buscar los mejores aspectos de esta existencia. De algún modo se trata de abrazar esa vibra infernal. Quiero reflejar esa vibra, pero también experimentar un poquito de tristeza, un poquito de resentimiento y un poquito de ira, y también algo de felicidad y alegría.**

La Mal emerge como estrategia para desvelar qué operaciones hay detrás del reparto desigual al acceso de formas violentas, en un mundo donde determinados cuerpos han sido despojados del «derecho» a movilizar malos afectos. Pero *la Mal* regurgita malos afectos con la única condición de que sean un medio, y no un fin en sí mismos, de que respondan a un programa de justicia social interseccional. Es fundamental advertir que hay que tener cuidado

---

* Mombaça, Jota. *No nos matarán ahora*. Buenos Aires: Caja Negra, 2024, 69.

** Wark, Mckenzie. *Raving*. Buenos Aires: Caja Negra, 2023, 51.

con que *la Mal* no caiga en el fatalismo de la rueda de la violencia si estos malos afectos no son activados desde la revisión de la responsabilidad situada de cada una, y el deseo genuino por el desmantelamiento de este mundo para poder construir colectivamente otro donde puedan vivir más vidas. Solo podemos activar *la Mal* si estamos comprometidas con un proyecto de justicia social, y si nos responsabilizamos de los efectos que desencadenamos. Existe el peligro de entender *la Mal* bajo la lógica del punitivismo y la cultura del castigo y la cancelación, nada más lejos de mi intención, ya que ambos en muchas ocasiones reproducirán binomios esencialistas donde los hombres siempre serán agresores y las mujeres solo seremos víctimas.* *La Mal* tampoco es una

---

* Justo mientras escribía este texto se hicieron públicas denuncias y acusaciones de abuso sexual a figuras públicas como Íñigo Errejón, y los raperos Ayax y Prok, en la cuenta de Instagram de Cristina Fallarás. Condeno absolutamente este tipo de actitudes, y me parece fundamental que reflexionemos acerca del vínculo entre masculinidad, poder, sexo, y que nos preguntemos sin moralizar acerca de lo contradictorio y resbaladizo que puede ser el deseo sexual desplegado en estructuras que siguen siendo heteropatriarcales. Aunque cuestione las lógicas del punitivismo y las estrategias de la cancelación y el castigo, sobre todo en la manera que se articulan a través de las redes sociales, eso no implica que no considere fundamental abrir espacios de responsabilización y reparación, reconocer el sufrimiento de las agredidas, y

violencia dirigida exclusivamente contra estos hombres cis, porque no la entiendo como una venganza inscrita en una lucha de géneros. Esto no quita que uno de los motores que activa *la Mal* sea la lucha contra la impunidad. Pero *la Mal* no es punitivista, entre otras razones porque es una fuerza de malos afectos eminentemente colectiva, mientras que algunos punitivismos tienden a priorizar las estrategias de castigo individualizadoras para la resolución de problemáticas que suelen tener orígenes sociales y/o estructurales.

> A través de esta tendencia individualizante se produce una particularización del riesgo que parece señalar que las causas de nuestras ansiedades y malestares tiene que ver con las conductas y ataques particulares de una persona o grupos de personas que serán además marcadas con los sesgos clasistas

---

organizar respuestas colectivas para que no haya impunidad. Desde mi sensibilidad pongo más el foco en el silencio cómplice durante años alrededor de estas personas y situaciones, porque es lo que evidencia la responsabilidad colectiva y cotidiana, y lo que subraya la dimensión estructural de las violencias y agresiones machistas que atraviesan nuestras vidas. Rescato estos artículos que al hilo de estas denuncias resuenan con las ideas de este texto: «Pensar juntxs | ctxt.es, Un linchamiento feminista da la puntilla a la nueva política» - Zona de estrategia.

y racistas de los actuales marcos neoliberales en los que se desarrollan las políticas punitivas.*

Además, precisamente la articulación de *la Mal* surge como necesidad de dotarnos de herramientas propias de gestión de conflicto y de experiencias de violencia más allá de marcos legalistas y del paternalismo heteropatriarcal del Estado. Es fundamental que haya cauces legales que se hagan cargo de las violencias estructurales que atraviesan la vida de determinados cuerpos, pero considero que confiar en el Estado, que nunca es un actor neutral en los conflictos y que en muchas ocasiones reproduce esas mismas violencias, no es suficiente. Hay que estar alerta a las posibilidades de que los feminismos e incluso *la Mal* caigan en dinámicas que reproduzcan subjetividades neoliberales y se alimenten de maquinarias represoras. Como nos advierte Laura Macaya en *Conflicto no es lo mismo que abuso*, hay que distinguir enfados justificados de enfados instrumentales, y no podemos simplemente delegar en el Estado y sus instituciones penales porque estos históricamente sabemos que son efecto de la mentalidad moderna colonial heteropatriarcal. Aunque *la Mal* precisamente emerge de la percepción de que los

---

* Hamaca i Macaya, Laura. *Conflicto no es lo mismo que abuso*. Barcelona: La Escocesa, 2023, 8.

cuerpos más expuestos a la violencia tienen menos acceso a organizar la misma como respuesta a este entramado de deshumanización y muerte, me quiero hacer eco de otra de las observaciones que hace Laura cuando afirma que:

> [...] se está dando un uso extensivo del concepto de violencia que denomina como tal actos de baja intensidad. [...] La idea de que la seguridad es la ausencia de ataques interpersonales mientras que muchas no pueden acceder a una vivienda o a que no les pidan los papeles cada vez que caminan por la calle repliega a las mujeres al cumplimiento de los roles clásicos de la feminidad. La sobredimensión de la violencia que azuzan los miedos nos vuelve conservadoras y puritanas, y de ahí la idoneidad de estos discursos que, muchas veces, desde el propio feminismo, construyen a las mujeres como esencialmente víctimas.*

La violencia es compleja. No podemos aferrarnos a una concepción de la misma que no tenga matices, ni graduación, ni contexto, porque correremos el peligro de construirnos como sujetos indefensos cuya única forma de experimentar esta violencia sea desde

---

* Hamaca i Macaya, Laura. *Conflicto no es lo mismo que abuso*. Barcelona: La Escocesa, 2023, 10-11.

el miedo y la pasividad, que es el lugar que el mismo heteropatriarcado nos ha asignado.

Si *la Mal* es femmunista es precisamente porque pretende desplazarnos del lugar esencializante de la mujer-víctima aun cuando seamos objeto de violencia y exclusión. La provocación de *la Mal* funciona si somos capaces en cuanto mujeres de autopercibirnos también como potenciales agresoras, ya sea porque podemos estar preñadas de malos afectos aunque esto no sea lo éticamente deseable, o porque elegimos responder a la violencia a través de la acción directa, expresando nuestro malestar, y no necesariamente elaborando protocolos que burocratizan y pueden acabar enquistando los conflictos. *La Mal* problematiza el lugar de la víctima como sujeto inmaculado del feminismo, porque la construcción de las víctimas ideales produce la exclusión y el cuestionamiento de las que no cumplan con estos parámetros, pero esto no significa que no se reconozca el daño que determinados cuerpos experimentan. Podemos y debemos denunciar la violencia que sufrimos sin perpetuar normatividades de género que también pueden oprimirnos: no solo somos susceptibilidad, debilidad, pasividad, miedo... *La Mal*, emparentada con las enseñanzas de Jota Mombaça, es eminentemente una práctica de redistribución de la violencia que no reproduce la lógica del feminismo punitivista, mayoritariamente cis blanco y clasista. Ella dice:

No tiene nada que ver con declarar la guerra. Es, más bien, afilar el cuchillo para habitar una guerra que fue declarada en nuestra ausencia, una guerra que estructura la paz de este mundo y se realiza contra nosotras. A fin de cuentas, estas cartografías necropolíticas del terror que nos capturan son la condición misma de seguridad (privada, social y ontológica) de un mínimo porcentaje de personas con estatus plenamente humano en el mundo.*

Nos propone fantasías de violencia afeminada en cuanto reapropiaciones subalternas de las técnicas de violencia. Hay que poder imaginarlas y evocarlas para quebrar la gramática que busca garantizar la estabilidad de las representaciones de la violencia masculina a partir de su oposición frente a las posiciones feminizadas, frágiles y pasivas frente a la violencia. *La Mal* es una redistribución de la violencia como práctica de cuidado, ante la cual cada una tiene que descubrir, entrenar y expresar sus malos afectos de manera particular y contextual, estando comprometidas con las complejidades que encierran sus despliegues. «La autodefensa no es solo golpear, sino también entender los propios límites y crear tácticas de escape para huir cuando sea necesario. Es también aprender a leer las coreografías de la vio-

---

* Mombaça, Jota. *No nos matarán ahora*. Buenos Aires: Caja Negra, 2024, 70.

lencia y estudiar maneras de intervenir en ellas».*
Creo que nunca llegué a entender bien *la Mal*, hasta
que meses más tarde de escribir el primer texto en el
que articulé este concepto empecé a entrenar muay
thai en un gimnasio popular en un centro okupado
en Barcelona. Entrenar cambió radicalmente la percepción que tenía de mi cuerpo en cuanto potencia,
aprendí cómo la fuerza no tiene que ver con la bru-
talidad sino con técnicas concretas, y con el autoco-
nocimiento de la mecánica de nuestras extremidades
corporales. Dejé de autopercibirme como alguien
torpe, con poca coordinación, con nada de fuerza en
los brazos… No podemos reducir *la Mal* a técnicas
de deportes de contacto, eso está claro, porque la co-
reografía de la violencia no remite solamente a una
práctica física, al combate cuerpo a cuerpo, sino a
cómo organizamos los malos afectos como respuesta
a ataques violentos ejercidos por sujetos que están
abusando de sus privilegios y posiciones de poder.
La Mal sobre todo propone que lo que no podemos
es quedarnos paralizadas, arrinconadas, introyectar
el miedo y la debilidad que nos han sido asignados
por el heteropatriarcado en cuanto cuerpos feminizados. *La Mal* debe articularse como una respuesta
colectiva, y señala la necesidad de organizarnos ante

---

* Mombaça, Jota. *No nos matarán ahora*. Buenos Aires:
Caja Negra, 2024, 74.

las violencias que asimétricamente se distribuyen en nuestras cotidianeidades. Aprender a responder a los ataques e intervenir juntas en las coreografías de las violencias, cada una de acuerdo a sus propias estrategias y posibilidades: «Así, los diferentes cuerpos, con sus características, nos permiten luchar de distintas formas. No hay una sola manera, tengo que entender cuál es la mía, partiendo de quien soy, y luego apostar, sin grandes expectativas, pero abriendo el juego».* No creo que la violencia sea algo que podamos neutralizar definitivamente, no creo que vaya a desaparecer, pero emparentada a la dinámica de la microfísica del poder foucaultiana tenemos que visualizarla como una retícula en movimiento que se filtra en todas direcciones, y que no solo es propiedad natural de unos cuerpos concretos.

> El poder no es tanto una propiedad como una estrategia, y sus efectos no son atribuibles a una apropiación, sino a disposiciones, maniobras, tácticas, técnicas, funcionamientos; se ejerce más que se posee, no es el privilegio adquirido o conservado de la clase dominante, sino el efecto de conjunto de sus posiciones estratégicas. [...] El poder no es una institución, y no es una estructura, no es cierta

---

* Chiricosta, Alessandra. *Contra el mito de la fuerza. Autodefensa en clave feminista.* Buenos Aires: Tinta Limón, 2023, 32.

potencia de la que algunos estarían dotados: es el nombre que se presta a una situación estratégica compleja en una sociedad dada.*

Si me remito a mi propia experiencia entrenando muay thai es porque creo que la noción desarrollada por Alessandra Chiricosta de «autoconciencia combatiente», que pone en el centro la experiencia desde el propio cuerpo, puede sernos de gran utilidad para imaginar maneras de activar *la Mal*. Alessandra entrecruza su formación en filosofía con sus años de entrenamiento en artes marciales, dinamizando talleres de autoconciencia de combate feminista. En su libro *Contra el mito de la fuerza viril. Autodefensa en clave feminista*, insiste en la necesidad de suspender la ideología biologicista y la creencia naturalizada de que el hombre es el único cuerpo que puede encarnar la violencia del «mundo natural».

El mito de la fuerza viril es una narración que, literalmente, se convierte en cuerpos. En este paradigma androcéntrico y biologicista, que conecta inextricablemente la fuerza con la virilidad y la violencia, la fuerza es leída como la capacidad de oprimir, de aplastar, de aniquilar a otro cuerpo-realidad: en ese proceso de inferiorización, la fuerza se

---

* Foucault, Michel. *Microfísica del poder*. Buenos Aires: Siglo Veintiuno, 2019, 179.

realizaría a sí misma, creando jerarquías entre los seres vivos.*

Alessandra detecta, como consecuencia de la popularización de esta mitología, que lo que los cuerpos feminizados aprehenden son mecanismos autoinhibitorios que interrumpen nuestra capacidad de defendernos y reaccionar violentamente, porque hay prohibiciones culturales que nos deslegitiman para hacerlo. Alessandra habla de fuerza donde yo estoy diciendo violencia, pero lo importante es cómo tanto Alessandra como yo lo que queremos es ampliar el significado de ambas nociones. La fuerza no es monopolio de la virilidad, o no solo se expresa virilmente o cismasculina-tóxicamente, como diría Jota, sino que hay otro género de fuerzas combatientes que no tiene como objetivo la inferiorización sistemática y la aniquilación:

> Pongo el ejemplo de las fuerzas centrífugas y centrípetas: si tengo un ataque puedo decidir no atacar, no destruir a la otra persona, sino crear un espacio propio para liberarlo [...], hay voluntad de autonomía y autodeterminación [...], remite a una fuerza de acción, que no es solo una fuerza de defensa, que

---

* Chiricosta, Alessandra. *Contra el mito de la fuerza. Autodefensa en clave feminista*. Buenos Aires: Tinta Limón, 2023, 32-34.

no es algo que solo espera ser atacado, sino una fuerza de transformación.*

Hay que activar la violencia de *la Mal* o la fuerza de acción que dice Chiricosta, no desde la reacción sino desde el deseo de un mundo donde el mayor número de vidas puedan vivir sin ser deshumanizadas, humilladas, atacadas y asesinadas. No podemos imitar la violencia viril o la violencia de la masculinidad cistóxica, tenemos que desaprender los mecanismos autoinhibitorios que nos paralizan, ampliar el repertorio de qué es lo violento y descubrir la potencialidad estratégica de los malos afectos vueltos práctica de cuidado colectivo, porque *la Mal* no es una mera reacción imitativa de su gramática, sino que, como las artes de combate, «[…] también te enseñan a simular, a no hacer entender, a confundir [...]. Las amazonas cortan en diagonal el campo de batalla, realizan algo tan inesperado que nadie entiende qué están haciendo ni de qué lado están».**

---

* Chiricosta Alessandra, *Contra el mito de la fuerza: Autodefensa en clave feminista* (Buenos Aires: Tinta Limón, 2023), 32-34.
** *Ídem*, 45.

Afectada: Juan Evaristo Valls Boix

Encomio de la blandura

*Ahora lo más suave de ti tiene aún
que convertirse en lo más duro.*

NIETZSCHE, *LA GAYA CIENCIA*

Tu texto me afecta. Me afecta porque en él encuentro
el otro lado del espejo, ese lado al que no cruzo, pero
que me acompaña como una sombra o una pregunta.
Me afecta también porque recuerdo a esas amigas de
la infancia que con gusto y sin saberlo reclamaban
los atributos destinados a configurar la masculinidad: quizá por su aspecto rudo, quizá por jugar al
fútbol y andar siempre en grupos de chicos, quizá
por reclamar una violencia, un desorden y un enfado que no les correspondían y que cuestionaban la
asignación mojigata de docilidad que marcaba la posición femenina en los 90 y los 2000, y la sigue marcando ahora demasiado a menudo. Aquellas amigas

fuertes y machotas –pienso en M., tan tierna como desafiante; pienso en R., hoy en Londres con su bajo, su cámara y su bigote; pienso en B., agresiva, competitiva, imbatible en cualquier deporte– que nos enseñaban sendas alternativas del deseo y coreografías desafiantes de los cuerpos cuando todavía no sabíamos que del deseo y de los cuerpos nunca sabremos nada definitivo, y empezábamos a reconocer la triste cantinela de la adolescencia: encajar o morir.

El feminismo quimérico e irónico que evocas con val flores, donde la subjetividad se niega a resolverse de modo único y definitivo, nos recuerda en realidad una lección difícil, pero ubicua: que vivimos el sexo y la identidad sexual con melancolía. Para adoptar la posición en el sistema de sexo-género que nos corresponde tenemos que depurar todo aquello que no le pertenezca: mi masculinidad está hecha de pérdidas, de rechazos, omisiones y negaciones, de un abandono disciplinario de todo lo que mi cuerpo podría ser y desear, y no lo alcanza porque es el cuerpo de un hombre. Nunca satisfacemos el ideal de la heterosexualidad obligatoria, con sus dos polos prístinos y complementarios, y en ese sentido somos siempre una subjetividad excesiva o deficitaria, que no ocupa nunca plenamente el ideal de macho o muchacha, que se niega a resolverse de modo único.

Y en ese sentido, tu texto me afecta por algo más: ¿no seremos nosotrxs precisamente *ese desbordamiento*? En lugar de ese sujeto de cualidades definidas que consta en nuestra documentación, ¿no empezará nuestra intimidad más bien allí donde ese sujeto que nos enferma se derrumba y se desbarata? Quizá yo empiezo cuando acaba mi melancolía y desoigo los reclamos de mi género: me niego a seguir perdiendo, renuncio a encajar. Parece que un deseo está vivo si no se conforma con su cauce. No puede latir sin desviar o pervertir el flujo de su recorrido. Si hay un lugar donde nos encontramos con nuestro deseo, no es en nuestra orientación sexual, sino allí donde el deseo nos desorienta: allí donde estorbamos, donde no cumplimos con el repertorio de atributos de género que la norma nos asigna. A unas os robaron la violencia, a otros nos arrancaron la ternura: con el deseo de recuperar afectos prohibidos, me parece que vindicamos una afectividad que no es privada ni privativa, que no se rige por la ley de lo propio, sino por la ley de lo común: a cada cuerpo, sus afectos, en común.

Aprendí por Monique Wittig que un cuerpo es un conjunto de encuentros y relaciones, y que no hay relación verdadera si no hace cuerpo: «El cuerpo lesbiano» designa una gramática para acuerparse, una escritura de la diferencia sexual −del diferir incesante del deseo, que de identidades no entiende–. Recuerdo con triste vergüenza todos esos encuentros en los que mi masculinidad se ha puesto a prueba –para fracasar–: aquel intento de mis padres de apuntarme a fútbol con ocho años, y encontrarme en el primer partido ensayando piruetas inventadas de ballet en el centro del campo. Aquella otra tentativa de ir a clases de karate con nueve, pero acomplejarme porque, según algunos niños, tenía las tetas muy grandes. Pero acomplejarme también porque, en la preadolescencia, tenía demasiado pelo por todo el cuerpo y demasiado pronto. O la frustración por no poder seguir yendo a clases de baile –mi madre dijo que ya había tenido suficiente–, o el desconcierto, la rabia y la extrañeza de los insultos y las interpelaciones de otros hombres por la calle, o el juicio correctivo reiterado tantas veces por mis amigas A. y S. sobre mi pluma, o el enfado cotidiano de mi padre al escuchar mi risa. Nada nuevo para nadie, ejemplos del desbordamiento que hace río pese a sus cauces.

La asignación de la violencia como atributo definitorio de la masculinidad es, desde luego, un privilegio, y configura una distribución desigual, como explicas evocando a Jota Mombaça: produce cuerpos cismasculinos cargados de una virilidad tóxica, maltratadora y asesina, amenazante en el mejor de los casos. Ese es el mito de la fuerza viril que Chiricosta nos ha enseñado, el mito según el cual para ser hombre hay que ser fuerte, y que solo hay un tipo de fuerza: la fuerza violenta, la que establece una relación de dominación con la alteridad y hace de la opresión el sostén del sujeto. Me parece que este reparto de la violencia como núcleo del imaginario binario hete-rosexual es lo que nos fuerza a los hombres a demos-trar constantemente nuestra masculinidad: cualquier afecto o afectación es síntoma de déficit de virilidad, el momento en que el otro me toca implica una rela-ción distinta de la violenta, y ello supone un nuevo cuestionamiento de estatus. En ese sentido, nunca se es lo suficientemente masculino: la violencia es, antes de sus expresiones fatales, una *performance* de la du-reza. El Fary nos recordó la necesidad de la dureza al advertir que evitáramos convertirnos en *blandengues*.

Y por eso digo que en tu texto encuentro el otro lado del espejo: yo también me pregunto por otro reparto de la violencia, por otro género de fuerza, como dice Chiricosta. Me pregunto por una forma de masculi-nidad no viril, sino afectadísima, expresiva, suave y blanda, presta al cambio, agujereada y penetrable, dispuesta a la escucha, a dar atención y no reclamar-la, a ser hospitalaria y no amenazante, a ser cualquier cosa menos masculina. O mejor, me pregunto por un repertorio afectivo que no piense las relaciones del deseo en términos de género y generalidad, sino en la singularidad de cada cruce y cada lance. Que los cuerpos puedan crecerse en la rabia o el resentimiento con independencia de su posición de sujeto, y que puedan también sumergirse en las aguas de la ternura más honda sin perder su valor. Cada vez que los afectos que marcan el binarismo cruzan el umbral y animan un cuerpo distinto al que están asignados, crece una fuerza de resistencia y se desmontan las identidades de género. Así, la rabia, el amor o la ternura se tornan afectos políticos cuando desordenan el reparto de la violencia e irrumpen en un cuerpo que no los espera: inauguran así un imaginario queer donde el desvío y la diferencia de las identidades articula un pensamiento del vínculo y la comunidad alternativos. Si cambia el afecto, cambian las relaciones, con ellas cambian las identidades, se inaugura un imaginario nuevo, una comunidad desobrada que no se sostiene en las dinámicas de género, sino en la pregunta siempre abierta del deseo.

Con mi pregunta trato de imaginar una fuerza que no sea dominación del otro, sino que se crezca como capacidad para el vínculo, como el arte de dejarse atravesar: más fuerte cuanto más vulnerable, más fuerte cuanto más otro, más fuerte cuanto más fuera de mí. Imagino una fuerza que sea potencia afectiva. Pero imaginar no es mera actividad de divagación, sino que consiste en tejer un imaginario, en armarlo con mil metáforas y figuras, con otros rituales para el vínculo y la identidad. Si el mito de la fuerza viril que ordena con su reparto de la violencia la estética de la heterosexualidad se sostiene en la dureza, pienso que otro género de fuerza, y una estética alternativa del vínculo amoroso, podría asentarse en la tierna imagen de la blandura. Esta poética de los cuerpos blandos, aquellos cuerpos que son maleables y se moldean con otros cuerpos para encontrar formas nuevas de relación, es una de las expresiones de ese repertorio afectivo diferente que el femmunismo de McKenzie Wark pretende articular. Pervirtiendo las enseñanzas de Nietzsche, ahora lo más duro en ti tiene que convertirse en lo más blando.

Suely Rolnik propuso en su *Micropolítica*, coescrita con Félix Guattari, la suavidad como nueva textura de la relación entre amantes: una relación entre dos singularidades, donde el encuentro con lo irreductiblemente otro nos desterritorializa, donde no somos otra cosa que la intensidad de ese encuentro de dos mundos intraducibles. La suavidad designa la instauración de un campo de intimidad del que nadie sale indemne, una forma del vínculo amoroso guiada por un proceso de devenir-animal y devenir-múltiple: las estructuras y jerarquías de lo humano y su afán por la abstracción y la reducción del amor a negocio económico-afectivo se retiran y ceden su lugar al azar del encuentro y las voluptuosidades del cuerpo. La suavidad es una relación amorosa allende la cópula Ulises-Penélope. El éxtasis de la afectación se revela más bien como proceso de desidentificación: en el amor suave perdemos nuestros nombres y atributos para ser cuerpo atravesado, oportunidad de forma nueva, razón para una vida otra.

Junto a la propuesta de Rolnik, Anne Dufourmantelle ha explorado las regiones blandas del deseo pensando la dulzura como un principio de relación. La dulzura, como respuesta, no ofrece ninguna presa posible al poder, atasca la dinámica de escalada de la violencia. Por ello, puede constituirse como una fuerza de resistencia que encuentra más firmeza en su caricia que cualquier posición dura. La dulzura puede darle la vuelta al mal y deshacerlo mejor que ninguna otra respuesta. Y es con la propia posición donde la dulzura comienza como un gesto de ternura radical, porque exige desatender la propia violencia de que uno es capaz para cambiar de juego. Por ello mismo, explica Dufourmantelle, no hay dulzura sin orificios: esta comienza con el reconocimiento de la propia falta, como una mano que, para acariciar, debe ser oquedad antes de ser mano.

Mi encomio de la blandura querría extender las reflexiones sobre la suavidad y la dulzura hacia un territorio más amplio, con el propósito de pensar ese otro género de fuerza, más allá de la violencia, que permita alterar el reparto afectivo que sustenta la heterosexualidad obligatoria. La blandura invoca un régimen de cuerpos porosos, penetrables y atravesables, que se reconocen como el fruto de los encuentros y la mixtura. La blandura se despliega con una escritura de la caricia, y entiende que desear no es poseer. Así, al disentir de la posesión, desarma las leyes de la propiedad: los cuerpos blandos constituyen una ontología de la relación, una ontología de la vulnerabilidad donde ser es afectarse. En ese sentido, la dureza no es sino el grado cero de la blandura, lo blando en su mínima expresión: un cuerpo carente de toda potencia afectiva, un agente violento, pero que ya no es poderoso. Aquí, al contrario, la ternura se vuelve política, es una forma de cuidado promiscuo. En fin, la blandura implica, también, el estado fluido y la licuefacción de los vínculos. Y ello no para hacerlos más frágiles, narcisistas e irresponsables, como denunciara Bauman en su *Amor líquido*, sino para devolverles toda la potencia que el afán de identidad y estatismo que sostiene la forma sujeto les ha arrebatado: en el imaginario de la blandura, los vínculos son fluidos porque se transforman sin cesar.

La blandura es expresión de nuestra condición horizontal, de nuestra íntima interdependencia: vivimos apoyadxs en otros cuerpos, no podemos vivir sin estar tumbadxs: la cama es el lugar donde se piensa y se ensaya este imaginario nuevo, este reparto otro de los afectos comunes. Tu texto me ha afectado por muchas cosas, su lectura me ha tumbado. ¿Es esto un mérito de violencia o de ternura, de lo duro o de lo blando? Ante todo, es la fuerza de un cuerpo que vibra con cada escucha.

Capítulo 4

Hacia afectos sin palabras. Los límites de mi habla

Alicia Valdés

> No tenemos palabras para tantos afectos.
>
> Iván Saavedra*

En 2016, Sun Yuan and Peng Yu, dos artistas conceptuales chinos, dieron vida a *Can't help myself*, una escultura cinética que consiste en un brazo robótico industrial que contaba con una pala en su extremo y que se encontraba en una especie de plataforma blanca rodeada por paredes de vidrio. En el suelo de esa plataforma había un líquido hidráulico rojo, una especie de sangre *cyborg* que emanaba de la base sobre la que nacía aquel brazo robótico. Este

---

* Iván pronunció esta frase en el marco de un seminario sobre antipsiquiatría que organicé en la Universitat de Barcelona.

ente robótico estaba programado para interactuar con este líquido. Cuando el fluido tencosanguíneo se extendía por la pulcra superficie blanca de la plataforma, el brazo activaba sus movimientos y se ponía a trabajar. El objetivo era claro, debía barrer hacia sí mismo aquel líquido con su pala.

Can't help myself estuvo trabajando con sus líquidos tecnosanguíneos tres años. Al comienzo, cada movimiento para mover ese fluido de una parte a otra era acompañado por un pequeño bailecito de este brazo. Era casi como una pequeña danza de la victoria «recojo mis líquidos, performo para quien me mira y bailo como lo haría un niño pequeño cuando celebra algo». A medida que pasaba el tiempo, el brazo perdía su baile, sus movimientos se volvían más lentos, más pesados y menos eficientes. El líquido tecnosanguíneo de nuestro brazo bailarín ya no era contenido, las marcas inundaban el suelo.

Siempre me ha parecido que *Can't help myself* hablaba sobre cómo el trabajo acaba con nuestra vitalidad. Supongo que es porque hace tiempo que ya no tengo ganas de bailar y que siento que mi cuerpo tampoco es capaz de contener los fluidos cerebrales que debieran hacer que mis conexiones neuronales, o algo así, me hagan feliz. Este brazo robótico siempre me ha hecho pensar en la tristeza que me produce trabajar y en cómo la idea de esforzarse en el trabajo para que todo vaya algo mejor no es más que una condena de optimismo cruel.*

*

Condena

La capacidad de una buena intención de convertirse en una condena tiene mucho que ver con cómo un propósito que nace como una voluntad benevolente pasa a convertirse en una obligación inexorable. Por ejemplo, la buena intención de estar sanas puede convertirse en una condena autoimpuesta que termina por forzarnos a llevar una determinada alimentación o rutina deportiva.** Esta terrible conversión se produce por varias razones (en realidad, pocas cosas son realmente unicausales), una de ellas es que detrás de muchos de los mantras positivos que bombardean nuestra cotidianeidad encontramos

---

* Berlant, Lauren. *El optimismo cruel*. Caja Negra, 2020.

** La conversión del deseo de tener una buena salud al desarrollo de conductas obsesivas con la comida o el deporte se desprende de los muchos mensajes que nos bombardean con el mantra de la salud y que, en realidad, son mantras sobre la delgadez. Un claro ejemplo es quien practicando una alimentación macrobiótica luego puede hincharse a cigarrillos.

mandatos con oscuras obligaciones que suelen estar conectadas a modos de vida normativos o intereses políticos y comerciales. Otra de las razones es que el deseo siempre se encuentra en una bifurcación entre el Eros y el Tánatos. Detrás de toda acción hay un deseo y este siempre se encuentra en una tensión entre estas dos fuerzas. Todo deseo puede llevarnos cerca del Eros, pero este también puede transitar los caminos de Tánatos hasta llevarnos a la pulsión de muerte. En otras palabras, no siempre deseamos «lo bueno» y, en cualquier momento, nuestro deseo puede tomar una bifurcación.

En su libro *La promesa de la felicidad*, la filósofa Sara Ahmed señala que la «nueva ciencia de la felicidad se basa en la premisa de que las emociones son transparentes y constituyen los cimientos de la vida moral. Si algo es bueno, nos hace sentir bien; si algo es malo, nos hace sentir mal».* Esta afirmación por parte de una nueva pseudociencia más cercana a las agendas anuales motivacionales que a la realidad cotidiana puede chirriarnos a muchas. Una de las razones es que las categorizaciones entre lo bueno y lo malo se establecen a través de juicios morales

---

* Ahmed, Sara. *La promesa de la felicidad: una crítica cultural al imperativo de la alegría.* Buenos Aires: Caja Negra, 2021, 28.

que terminan por imponer como única forma válida aquella que ha sido sancionada por los agentes que ostentan el poder. Es decir, lo que es bueno para ti, lo que decide el que tiene dinero, estatus y propiedades. Otra de las razones es que, aun estableciendo de manera consensuada qué es bueno y qué es malo, encontramos muchas cosas que no son buenas pero que nos hacen sentir bien en cuanto que nos generan satisfacción. Un ejemplo banal es el arrancarnos las costras. Empezamos por un borde que se caracteriza por una protuberancia propia del relieve de esta capa de plaquetas secas que buscan proteger la tierna carne que ha quedado a la intemperie del aire. Comienzas a rascar con la uña para levantar esa cobertura marrón: pica, duele, pero qué satisfacción deshacerte de este artilugio biológico propio de la piel mientras observas cómo una nueva capa que brilla gracias al plasma sanguíneo alumbra una sonrisa infantil. Por otro lado, no todo aquello catalogado bajo la etiqueta «bueno» nos hace sentir bien, y más aún en un contexto en el que nos dicen que madrugar y hacer *burpees* nos sanará de la ponzoñosa enfermedad de la pereza propia de la clase obrera. Detrás de toda clasificación entre bueno y malo existe también una norma moral que no solo no entiende de diferencias y disidencias, sino que busca acabar con ellas.

Volviendo a la cita de Ahmed, este tipo de teorías define al sujeto como una unidad transparente que siempre sabe cómo se siente y es capaz de discernir entre aquello que nos hace sentir bien y qué es sentirse bien y aquello que nos hace sentir mal y qué es sentirse mal. Esta idea no es solo compleja de afirmar, sino que también conlleva una problemática peligrosa, el mandato a la obligación de saber cómo nos sentimos y por qué. Pensar que algo bueno nos hará sentir bien elimina la posibilidad de entender la contradicción como algo natural a nosotras mismas. Se unen así dos mandatos que actúan de manera conjunta y que pueden generar aún mayor malestar y tristeza: el mandato de la transparencia y el de la imposibilidad de la incoherencia.

El resultado de entretejer estos nuevos mandamientos del Yo es el siguiente: no solo debemos saber perfectamente qué es lo que sentimos o cómo nos sentimos, sino que, además, lo que sentimos debe poder rastrearse de manera lógica: si me siento bien he debido de hacer algo bien. Esta idea que promulga que si nos sentimos bien es porque hemos hecho bien no tiene en cuenta cuáles son aquellas cosas que nos generan satisfacción: a un sádico le puede generar satisfacción realizar un daño sobre el otro. Este tipo de mantras que buscan homogeneizar acciones y consecuencias pueden entonces acabar catalogando como buenas acciones que hieren al otro. Es una especie de «el fin justifica los medios» pero en el mundo emocional. Algo que es terriblemente peligroso cuando convivimos en una sociedad que azuza y premia las tendencias egoístas que rozan el narcisismo. Si me siento bien, he debido de obrar bien. Si me siento mal (por ejemplo, señalas mi error) es que traspasas mis límites. En definitiva, estas teorías funcionan como la perfecta justificación de cualquier tipo de comportamiento.

Retomando nuestra primera reflexión, podríamos pensar que los postulados *1ootífikos* analizados por Ahmed acaban por funcionar en muchos casos como mecanismos para convertir una buena intención en una terrible condena. Los miles de artículos académicos que se citan en estudios de dudosa calidad acaban por convertirse en elementos superyoicos capaces de transformar un consejo en una obligación. El superyó es una de las dimensiones que Freud señala en el aparato psíquico; podemos definirlo como la instancia que actúa como juez y represor. Es el espacio de la ley y la obligación y se caracteriza por ser feroz, nunca tiene suficiente, cuanto más obedeces más crece su hambre. Una boca que no se cierra, que engulle insaciablemente. El poder que le hemos dado a la ciencia como única fuente de la verdad implica que aquellas cuestiones ideológicas que se sustenten sobre estudios de dudosa cientificidad (no entiendo en qué momento la estadística se volvió ciencia) no puedan ser cuestionadas.

Cuando nos topamos con estudios científicos sobre comportamientos que aseguran mejorar nuestras vidas, estos acaban convirtiéndose, en muchos casos, en instrumentos ideológicos. Lo que termina por ocurrir es que, si no hacemos un caso ciego a lo afirmado en los estudios, la culpa de nuestra falta de desarrollo personal positivo es únicamente nuestra. Por ejemplo, cuando las teorías avalan que madrugar nos hace más felices, pobres aquellas que no puedan madrugar por horarios laborales: están condenadas a una tristeza científicamente avalada. Dios (y la ciencia como su heredera) solo ayuda a quien madruga.

En una sociedad cuyo síntoma es el malestar en todas y cada una de sus formas, la ciencia de la felicidad es una valiosa herramienta capaz de influenciar la manera en la que nos comportamos y las decisiones que tomamos. Y como todo aquello capaz de condicionar y modificar las conductas, encontramos aquí un bonito nicho de mercado del que muchas quieren obtener su parte. La monetización de la ciencia de la felicidad a través de la psicología pop y conductivista en redes sociales es fácilmente rastreable. Son cada vez más los perfiles y cuentas desde las que psicólogos, gurús espirituales, *coaches* y expertos en ciencias de reciente surgimiento lanzan contenido audiovisual al modo de manuales de autoayuda y comportamiento. Este contenido, lejos de ser gratuito, es parte de una estrategia de márquetin y de acumulación de capital social que, en muchos casos, está directamente monetizada a través de las plataformas donde son publicadas. El objetivo es fácil: aprovecharse de esa buena intención de sentirnos mejor que habita en todas nosotras. Ante el malestar podemos comprar cristales bendecidos, cursos de autoanálisis, entradas para el templo del amor y *packs* de sesiones de psicología en grupo, pareja, familia o individuales. Pero no se queda aquí la industria de la felicidad. Tazas, bolis, agendas o calendarios te dicen (con muchas exclamaciones) que tienes que ser feliz. Así, el autocuidado que reivindicaba Audre Lorde en *A Burst of Light* ha sido despojado de su significado original para terminar convertido en un nuevo *hashtag* o cultura de consumo.* Mientras Audre Lorde construía el término de autocuidado como un tipo de resistencia en el momento de una enfermedad, este ha sido convertido en una especie de indulgencia positiva mediada por pautas de con-

---

* Lorde, Audre y Sánchez, Sonia. *A Burst of Light: and Other Essays*. Garden City, New York: Ixia Press, 2017.

sumo. No solo eso, mientras el autocuidado puede tener un objetivo social y colectivo (me preservo y resisto como forma de estar en la lucha), las pautas actuales tienen un claro sesgo individual vinculado a una especie de mantra que afirma «he de protegerme de la exigencia externa».

La valoración científica que determina qué es «sentirse bien» o que es «algo bueno» supone a su vez la introducción de una nueva moral que sale de las lógicas de lo religioso para acercarse a las de la salud y la felicidad.* Ya no es Dios quien determina la moral, sino los gurús de la felicidad y la salud.

«¡Dime lo que sientes!». Un mandato de transparencia nos recorre

En esta urgencia por sentirnos mejor, el primer paso que se nos impone es el de transmitir eficiente y rá-

---

* Esta idea sobre la moralidad y la salud vuelve a darse la mano con la cultura gordofóbica de exaltación de la delgadez. Estar gordo está visto como una desviación moral. No nos centraremos aquí en la idea normativa de la salud, puesto que el texto de Sara Torres recoge la crítica *crip* al concepto de lo sano y lo saludable, pero es importante recordar la relación entre bueno/sano/feliz que rige muchos de nuestros preceptos.

pidamente la manera en la que nos sentimos. De alguna forma, siento que nuestra capacidad emocional ha de poder reducirse a la lógica de un tuit. Es decir, debemos ser capaces de sacar nuestro propio titular sobre cómo nos sentimos ante cada suceso vital (propio o ajeno) en un tiempo muy limitado, usando pocos caracteres y siendo directas y certeras.

Sin ningún tipo de duda, creo que esta exigencia es parte de las demandas de transparencia que hoy nos abordan hasta hacernos desbordar. Un ejemplo de cómo funcionan es fácilmente observable en la discusión actual sobre las cuestiones del deseo y su relación con el consentimiento. Como han puesto sobre la mesa grandes teóricas como Katherine Angel, Clara Serra o Cristina Garaizabal, las actuales nociones sobre consentimiento parten de un supuesto de absoluta transparencia sobre aquello que deseamos y por qué.* Esto acaba implicando necesariamente que, para poder consentir, es necesario tener una absoluta certeza sobre nuestra condición como seres

---

* Angel, Katherine. *El buen sexo mañana. Mujer y deseo en la era del consentimiento*. Alpha Decay, 2021; Serra, Clara. *El sentido de consentir*. 1.ª ed. Nuevos Cuadernos Anagrama 67. Barcelona: Editorial Anagrama, 2024; Serra, Clara et al. (eds.). *Alianzas rebeldes: un feminismo más allá de la identidad*. Serie general universitaria 263. Barcelona: Bellaterra Edicions, 2021.

deseantes: no hay lugar para el misterio, el no saber, el juego o la experimentación.

Este mandato de transparencia aparece también en el campo de lo que se ha denominado «responsabilidad afectiva» (la cual, por cierto, ha acabado por implantarse de manera desigual y generar reacciones negativas como la culpa). Desde la noción hegemónica de la responsabilidad afectiva, debemos ser capaces siempre de poder comunicar qué es lo que nos sucede y poder comprendernos de manera correcta las unas a las otras. Sin embargo, aquello que antecede a la comunicación es precisamente el dar sentido a aquello que nos sucede y sentimos, pero, *spoiler*, la mayoría de las veces no sabemos qué nos pasa ni entendemos al otro. De hecho, aunque podamos saber perfectamente qué es aquello que nos sucede, la comunicación nunca es perfecta, el mensaje que lanzamos y el que se recibe no son el mismo.

No nos echemos las manos a la cabeza, no estoy construyendo un artilugio teórico para justificar que cada uno haga lo que sea con independencia de cómo se va a sentir el otro, es solo una reflexión para pensar en los límites de la transparencia. Muchas veces nos generamos malestar por no poder comunicar cosas que quizás son incomunicables, y no debemos caer en un mandato incondicional abocándonos a esa condena que mencionaba al comienzo. En este sentido, es interesante plantearse cómo son los afectos desde el psicoanálisis. ¿Son fenómenos accesibles y conscientes que pueden ser fácilmente codificados en palabras y enseñados al otro?

Los límites de mi habla

Plantearnos si los afectos son fenómenos accesibles y codificables lingüísticamente nos lleva necesariamente a uno de los dilemas de las teorías afectivas: ¿son afectos y emociones lo mismo? Como ya hemos visto, existe un debate entre las posiciones que argumentan que las emociones son codificaciones culturales (y lingüísticas) de los afectos, los cuales pueden ser comprendidos como intensidades corporales, y aquellas que no establecen divisiones entre lo que son afectos y emociones.* Desde el psicoanálisis podemos intentar comprender esta división entre afecto y emoción haciendo referencia a la teoría de los registros de la experiencia humana del psicoanálisis lacaniano. Lacan afirma que la experiencia analítica

---

* Massumi, Brian. *Parables for the Virtual: Movement, Affect, Sensation*. Durham, London: Duke University Press, 2021; Ahmed, Sara. *La política cultural de las emociones*. 2.ª ed. México, D.F.: Universidad Nacional Autónoma de México, 2014.

posee tres registros (u órdenes): imaginario, simbólico y real. Estos son heterogéneos pero interdependientes, se entrelazan como un nudo borromeo, una figura conformada por tres aros entrelazados en la cual la ruptura o corte en uno de ellos supone la separación de los tres. El registro imaginario se caracteriza por la importancia de las imágenes, cómo las captamos y cómo nos identificamos a partir de las que provienen del otro. Es un registro engañoso porque se caracteriza por una ilusión de completitud. El registro simbólico se relaciona con el lenguaje y con el orden social, es decir, la ley. Por último, en el registro de lo real encontramos todo aquello que es imposible de ser simbolizado en su totalidad, aquello que se escapa.

Partiendo de esta división de la experiencia humana y acercándonos a la diferencia que Brian Massumi establece entre afecto y emoción, podríamos pensar que las emociones pertenecen al registro de lo simbólico (pueden ser codificadas en el lenguaje) mientras los afectos pertenecen al registro de lo real (no son codificables). La imposibilidad de codificar los afectos en emociones haría referencia a esa imposibilidad de simbolizar lo real. Lo real, en ese proceso de codificación, se escapa. Algo a lo que hace referencia Julio Moscón cuando afirma que el afecto no puede ser sin un significante que lo nombre, pero en este intento por nombrar, el afecto acaba por traspasar la palabra: «Lo que sentimos va más allá de lo que podemos expresar».* El afecto escapa del rapto lingüístico fallido que vendría a producir la emoción, lo real vuelve a escaparse de lo simbólico. La palabra, de nuevo, no es suficiente.

Si la palabra no es suficiente para poder enunciar aquello que se siente, qué puede suceder con un mandato de transparencia que nos obliga a saber qué es lo que sentimos y, además, comunicárselo al otro. No se trata aquí de negar lo necesario de poder comunicar lo que sentimos, sino de evitar que una buena intención se convierta en otra condena. Muchos son los malestares que surgen de un intento necesariamente fallido de explicar qué es lo que nos sucede cuando no existen palabras para comunicarlo ni cuando las palabras se tornan inservibles. En aquellas personas concienciadas en la importancia de la comunicación, la imposibilidad de comunicarlo todo puede convertirse en una fuente de culpa y malestar. El «si quieres puedes» permea y se apodera de un discurso que pretendía fortalecer la idea de la interdependencia y la responsabilidad con los demás en un mundo cada vez más individualista.

---

* Iuale, Lujan (ed.). *Disrupción de los afectos en la clínica y en la época*. Buenos Aires: JCE Ediciones, 2020, 12.

Si desde el psicoanálisis entendemos la opacidad del inconsciente y del deseo como un elemento característico del ser humano, el mandato de la transparencia es, irremediablemente, una condena, puesto que su cumplimiento se vuelve imposible. Cabría entonces preguntarse si los afectos son transparentes o si estos son también opacos y poco comprensibles. La cuestión afectiva ha sido una dimensión central para el psicoanálisis. En 1890 Freud publicó su famoso texto *Tratamiento psíquico*, en el que ya señalaba la relación entre afecto y cuerpo, pero destacaba que, aunque estos se manifiesten predominantemente en el cuerpo, es decir, aunque el cuerpo sea la superficie de afectación, los afectos no pueden reducirse a fenómenos corporales.[*] De esta manera, volviendo a la teoría de Massumi, desde Freud podríamos decir que el afecto no puede reducirse a una intensidad corporal.

Como podemos ver, son muchas las teorías que trabajan los afectos y muchas más las que trabajan a través de los mismos. Y aun así, seguimos sin una definición concreta, directa y rápida sobre lo que son. De nuevo, las humanidades se escapan de ese man-

---

[*] Freud, Sigmund. *Obras completas. Publicaciones prepsicoanalíticas y manuscritos inéditos en vida de Freud (1886-1899) / Sigmund Freud, 2.* Buenos Aires: Amorrortu Editores, 2007.

dato de supuesta transparencia que rodea al resto de las ciencias. Parece que, aunque hablemos y teoricemos sobre los afectos, estos son escurridizos, solo podemos construir un cerco teórico que los rodee de manera precaria y temporal sin poder acceder a su núcleo y, mucho menos, comprenderlo. Sin embargo, el hecho de que los afectos y/o emociones sean huidizos en esto de la transparencia a través del lenguaje no implica que la demanda por transparencia cese, ya que parte de esa demanda no solo es externa, sino que actúa en cada una de nosotras. Si pensamos que la claridad nos aportará felicidad o tranquilidad, entonces la exigencia de transparencia también surge de nosotras al encontrarnos en una inquebrantable batalla por el bienestar.

La psicologización de los afectos

En una sociedad regida por la economía de mercado, las demandas deben encontrar siempre una respuesta en forma de patrón de consumo y de producto disponible. La demanda de transparencia del universo afectivo y emocional ha tenido lugar a través de la industria farmacológica y de las instituciones psicológicas y psiquiátricas.

Por un lado, la codificación a través del lenguaje ha sido gobernada por el DSM (*Diagnostic and Statistical Manual of Mental Disorders*; en castellano, *Manual diagnóstico y estadístico de los trastornos mentales*). Pongamos algún ejemplo. Alguien se come un KitKat® a mordiscos y no sigue el ritual comercial de partir esa exquisita chocolatina en sus correspondientes y ordenadas piezas y una persona que observa dicho sacrilegio le dice que no se lo coma así «que le da TOC». Este no es un caso o situación aislada, cada vez es más común escuchar expresiones como «qué ansiedad», «me da TOC» o «estoy depre». La mayoría de las veces, estas expresiones se escuchan en contextos no médicos o donde no se trabaja con diagnósticos. Sin embargo, ante la falta de un vocabulario propio para lo emocional y lo afectivo, el léxico propio de la psiquiatría y de la psicología ha llegado para dar una respuesta efectiva a la exigencia de transparencia.

No solo no tenemos palabras para tantos afectos, sino que, además, hemos perdido la relación con aquellas palabras que venían a señalar emociones mientras nos encontramos cada vez más cerca de las palabras propias de una industria farmacológica que busca generar beneficio de todos nuestros estados emocionales. Por ejemplo, la palabra ansiedad está ya tan aceptada que se utiliza para denominar los estados de intranquilidad sea por la razón que sea. Es decir, aunque relacionamos la ansiedad con cosas negativas, ya empezamos también a usar ansiedad para denominar estados de nerviosismo por causas positivas. De esta manera, dejamos de lado el desasosiego, la desazón y la inquietud para abrazar la ansiedad. Pero también lo hacemos dejando de lado palabras como el afán, las ganas, los nervios y la expectación. Las mariposas en el estómago deberían poder diferenciarse del miedo o el estupor que te puede causar la *red flag* de la que te has pillado.

Si la ansiedad es uno de los diagnósticos más extendidos a día de hoy, la depresión es el otro. Ante la desidia, la desgana, el enfado, la tristeza o la ira, la depresión como significante comodín gana uso. Sin ninguna duda, esta psicologización de los afectos encierra una patologización de estos. ¿Quién decide cómo y cuándo se convierten las ganas en ansiedad? ¿De qué manera se delimita la tristeza para convertirla en patología? Bueno, esta segunda pregunta tiene respuesta cuando nos fijamos en la manera en la que se establece cuándo la tristeza por la muerte de un ser querido debe entenderse como patológica. Según el DSM III (en 1980) la tristeza asociada a un duelo no se consideraba un trastorno depresivo si esta no excedía un año; en la década de los 90, con la publicación del DSM IV, ese plazo se redujo a dos meses, y en 2013, con la publicación del DSM V, se estableció un nuevo límite en dos semanas. Cabría preguntarse aquí cuáles son los «avances científicos» que avalan que la tristeza deba acotarse a marcos temporales cada vez más cortos. Sin duda, el dato que marca la evolución del manual de diagnóstico es que, en 1980, el DSM III contaba con menos de 50 diagnósticos para los mal llamados «trastornos mentales», mientras que la versión de 2013, el DSM V, incluye ya más de 300. Podríamos afirmar, sin ningún tipo de duda, que a mayor demanda de exigencia, mayor es la oferta de la institución psiquiátrica para clasificar todos estos estados de ánimo y convertirlos en estados psicológicos patologizados. Esta codificación a través de un lenguaje médico no es el único mecanismo que ofrece la psiquiatría. Tras la patologización a través del DSM, lo que nos encontramos es una codificación biológica y química que supone la conversión del estado de ánimo en un mal funcionamiento de alguna parte del cerebro que ha de ser compensada con la toma de psicofármacos.* Son muchas las pacientes y supervivientes de la psiquiatría que señalan de manera tajante que

---

* Son muchos y muchas las autoras que han luchado por demostrar que la etiología (origen) de lo que se denomina común y erróneamente enfermedad mental no se encuentra en el cerebro.

ningún médico les ha dicho todavía «qué parte de su cerebro está rota».

La codificación de los afectos que pasa por su clasificación médica y la toma de fármacos nos obliga a preguntarnos también cuáles son sus consecuencias. Es decir, ¿tener un diagnóstico y una medicación va a hacer que estemos bien? Son varios los relatos y experiencias en primera persona que niegan lo que Guillermo Rendueles llamó en su día «las falsas promesas de la psiquiatría».* Por un lado, los diagnósticos no se utilizan para comunicaciones internas dentro de especialistas en el campo, es decir, como herramientas analíticas que no impliquen valoraciones para el paciente, sino que han pasado a convertirse en dimensiones identitarias que acaban funcionando en muchos casos como profecías autocumplidas. En un mundo donde la exigencia de transparencia opera demandándonos saber al dedillo quiénes y cómo somos, los diagnósticos funcionan como etiquetas perfectas para la identificación. Por otro lado, la farmacología sigue escondiendo los efectos adversos de la medicación. Los consentimientos informados en la toma de psicofármacos brillan por su ausencia y cada vez es mayor el número de colectivos del Or-

---

* Rendueles, Guillermo. *Las falsas promesas psiquiátricas.* 2.ª ed. Madrid: La Linterna Sorda, 2017.

gullo loco que denuncian las secuelas de por vida que pueden dejar la toma de neurolépticos (mal llamados antipsicóticos por razones publicitarias) y las benzodiacepinas (conocidas, por razones de márquetin, como ansiolíticos o antidepresivos).*

Uno de los aspectos más denunciados por las y los pacientes que han tomado antidepresivos es el efecto secundario que consiste en la eliminación de estados de ánimo y la disfunción emocional y sexual que les acompaña tras la toma de antidepresivos ISRS.** El colectivo PSSD Network ha recogido miles de testimonios de todo el mundo que tienen un elemento en común: la incapacidad de sentir muchos estados afectivos y la incapacidad de hacer y sentir el amor.*** Su web es un archivo de fotos con carteles

---

* Whitaker, Robert y Cosgrove, Lisa. *La psiquiatría bajo sospechas*. Ediciones Psara, 2024; Whitaker, Robert. *Mad in America: Bad Science, Bad Medicine, and the Enduring Mistreatment of the Mentally Ill*. Basic Books, 2001; Gotzsche, Peter. *Psicofármacos que matan y denegación organizada*. Malpaso Ediciones, 2021.

** Los ISRS (inhibidores selectivos de la recaptación de serotonina) son los antidepresivos que se recetan con mayor frecuencia.

*** PSSD son las siglas de *post-SSRI sexual dysfunction* (disfunción sexual post-ISRS). La disfunción sexual a la que hacen referencia y que denuncian desde el colectivo es más

en los que podemos leer «he sido castrada químicamente», «nunca en mi vida pensé que te podían quitar la capacidad de sentir y hacer el amor», «he perdido mi personalidad y mis emociones». El robo de la capacidad de sentir emociones forma parte de las denuncias y quejas de aquellas personas que han sido psiquiatrizadas y farmacologizadas.

Es dolorosamente paradójico que lo que empieza por una exigencia demandante de una transparencia afectiva termine por una eliminación de afectos, o quizás no lo sea tanto. Solo se puede ser absolutamente transparente cuando no hay nada.

Técnicas privadas de dominación

Desde quienes sienten malestar a quienes han sido medicadas y atadas,* todas nos preguntamos qué es

---

amplia que la definición tradicional del término. PSSD hace referencia a un variado rango de síntomas que van desde lo físico a lo neurológico y lo sexual como la insensibilidad genital, la disfunción eréctil, la sequedad vaginal o la anhedonia (entendida esta como la incapacidad de sentir placer). Para más información, podéis visitar su web: https://www.pssdnetwork.org/

* España es uno de los países en los que se sigue practicando la contención mecánica en psiquiátricos, hospitales, cárceles, CIE, etc.

sentirse bien y por qué es tan necesario.* Parece que el vivir y atravesar los afectos negativos no es algo que nos esté permitido o para lo que tengamos permiso (que patologicen la tristeza es prueba de ello). No es, nunca mejor dicho, una locura, pensar que algo debe de estar tras este mandato de transparencia y felicidad que nos bombardea sin descanso.

Todas las que sufrimos malestares (si es que hay alguien que no los sufre) tenemos un oficio compartido. *Spoiler*, no es el de cuidadora (ojalá, quizás, si todo el mundo cuidara un poco más, el peso no solo recaería sobre espaldas racializadas, feminizadas y, sobre todo, cansadas), sino el de empresario de uno mismo.** Todas somos el jefe (en masculino) de los recursos humanos de nuestro propio Yo. En muchos de esos pequeños equipos dedicados a gestionar la fuerza de trabajo están esos pequeños, pero poderosos, elementos que acabamos de analizar: los psicofármacos. El constante y creciente uso de los psicofármacos como instrumentos que favorecen un estado de ánimo que nos permite trabajar nos obliga también a hablar sobre la fuerza de trabajo emocio-

---

* En realidad, todas tenemos malestares de uno u otro tipo que nos afectan de una u otra manera.

** Empresarios en masculino porque este rol, como todo aquello relacionado con el éxito capitalista, está vinculado al hombre cis.

nal. Al trabajo que obliga a los trabajadores a usar sus emociones y afectos en el desempeño de su trabajo como parte de un nuevo tipo de capital, algunos autores cis y blancos lo llaman ahora *capitalismo afectivo*. Sin embargo, esta carga emocional de los trabajos es algo que lleva caracterizando el trabajo feminizado desde que el capitalismo es capitalismo. Y no solo se produce este manejo de las emociones en los trabajos productivos y remunerados para el capitalismo, sino que los trabajos reproductivos como la crianza y los cuidados son, esencialmente, trabajos que suponen una dimensión afectiva de las labores. La sonrisa imperativa se vuelve universal, pasando de un «sonríe que estás más guapa» (que sigue vigente) a un más expandido «¡Sonríe, sé más productivo!».

De alguna manera, en los últimos años, lo que estamos viendo es que eso de desempeñar nuestro trabajo rápida y eficientemente ya no es suficiente, sino que se ha expandido y globalizado la idea de que has de hacerlo feliz y desear tu trabajo. Es decir, estamos ante una manipulación del deseo que trata de que adoremos el trabajo. Esta adoración se consigue mediante el establecimiento de diferentes discursos que buscan situar al trabajo (productivo y remunerado) en el centro de nuestra vida y en el elemento más importante de nuestra identidad. El *management* de los afectos es importante en el mundo laboral para no espantar clientes, generar problemas en el trabajo, darte de baja y provocar gastos a tu patrón, pero también lo es porque es importante que cada uno de los y las trabajadoras se comporte como capital de esa empresa, cada una de nosotras debemos resultar atractivas y deseables (no solo en términos eróticos) para el potencial cliente. Pero este *management* emocional no se limita a nuestro puesto en una empresa o institución. El mundo laboral no se limita ya al centro de trabajo o a la actividad productiva, sino que se ha extendido a toda acción que realizamos, por ello, el *management* de nuestras emociones es también importante en la vida privada. La manera en la que nos presentamos a los otros y nos comportamos fuera del ámbito laboral ya está impregnada de la misma lógica. El capitalismo afectivo que nos interpela a ser felices mientras producimos no aparece ahora de nuevas, sino que conquista espacios y cuerpos que antes no había colonizado. Parece entonces que, como ya apuntaba Sara Ahmed, el concepto de felicidad que nos muestran como deseable está vinculado a la capacidad de producir, de ser funcionales.

La felicidad se vuelve así una obligación personal y privada que puede ser cumplida únicamente a través de un esfuerzo y trabajo personal que, en caso de ser insuficiente, siempre puede ser aderezado con un psicofármaco. En este sentido, podemos ver que las privatizaciones hace tiempo que dejaron de reducirse a los servicios públicos para atravesar las superficies porosas de nuestra piel y establecerse en nuestras psiques. Estas obligaciones laborales se infiltran en lo privado y lo íntimo mucho más de lo que nos gustaría, esa pretensión de gestionar cuestiones como la productividad desde un prisma de lo individual invisibiliza las causas sociales y estructurales que condicionan el cómo nos sentimos. Porque, claro, lo que interesa ahora es la relación que existe entre cómo me siento y cuánto de productivo tiene ese estado de ánimo. Si quieren que seas feliz es porque los nuevos estudios científicamente avalados demuestran que las personas felices son más productivas y generan menos problemas en el ambiente de trabajo. La cosa es que para que seas «feliz» no mejoran tus condiciones laborales, sino que te recetan psicofármacos o te dan «beneficios» como la suscripción a una cadena de gimnasios.

Esta privatización e individualización del estado de ánimo no actúa sola, sino que se entremezcla con los relatos del esfuerzo, la meritocracia y el «si quieres, puedes», que no son más que discursos que privatizan el éxito y el fracaso y, de este segundo, siempre se desprende la culpa. La culpa ante el fracaso social y económico se ata a nuestros pies como si se tratara de un plomo que decidimos ponernos a nosotras mismas.

La privatización de la culpa esconde las causas sociales de nuestro fracaso: nuestro código postal, nuestro apellido o el nombre del colegio al que fuimos se encuentran entre ellas. Si la culpa es privada, también lo es la pseudosolución que nos dan para combatir sus síntomas, los cuales son muchas veces diagnosticados bajo las etiquetas de ansiedad o depresión. La taza de café que reza «tú puedes ser tu propio jefe» es el contenedor perfecto para el café con el que bajas el ansiolítico o el antidepresivo de turno que busca acabar con los síntomas del fracaso social que es necesario que afecte a muchas para que pueda darse el éxito de unos pocos.

La patologización de comportamientos disidentes o estados de ánimo poco productivos ha sido una constante en campos como el de la psiquiatría o el psicoanálisis. Un ejemplo de esto es la patologización de las mujeres que no seguían la heteronorma en los estudios sobre histeria. Asimismo, seguimos viendo una clara patologización de la comunidad LGTBIQA+, las personas racializadas y, de nuevo, las mujeres. Este proceso de patologización de lo que queda excluido a la fuerza afecta, cada vez más, al conjunto de la clase obrera. En este sentido, si queremos plantear la conversación sobre salud mental desde los servicios públicos, deberíamos hacer la siguiente reflexión. Primero, los psicofármacos tienen efectos secundarios devastadores, por ejemplo, los antipsicóticos reducen la esperanza de vida y producen daños cognitivos y los antidepresivos generan adicción y mayores síntomas depresivos a largo plazo. Sabiendo que el sistema médico actual cae en el sobrediagnóstico y la sobremedicación, deberíamos plantearnos qué condena estamos imponiendo a la clase obrera desde los sistemas públicos de salud. Si la solución a los síntomas de la precariedad son los psicofármacos y los diagnósticos, estaremos, en muchos casos, patologizando la precariedad. No estoy negando aquí lo beneficioso de una medicación puntual y controlada en un momento de crisis, sino el paradigma que sistemáticamente patologiza el malestar que produce un sistema que nos quiere felices para poder producir.

La patologización a través de la privatización se hace visible en cómo utilizamos palabras provenientes de manuales de psiquiatría para dar nombre a nuestras emociones. Desasosiego se convierte así en ansiedad y frustración o desidia, en cuadros depresivos. Esta tendencia también ha estado presente en cómo denominamos los malestares capitalistas. No, no se trata aquí de abogar por el manido eslogan de «lo que necesitas es un sindicato y no un psicólogo», sino de analizar las causas políticas de nuestras tristezas, desidias e incertidumbres.

Ante la privatización del fracaso, lo que necesitamos son servicios públicos de calidad que pongan sobre la mesa las causas estructurales de nuestro malestar. La falta de vivienda y de condiciones dignas para trabajar y la imposibilidad de conciliación son formas de violencia económica que acaban haciendo mella. La manera en la que ese malestar se manifiesta a través de síntomas no indica la presencia de una enfermedad y, por lo tanto, la necesidad de un diagnóstico y un tratamiento farmacológico. Nuestros síntomas son precisamente las señales de un conflicto, no uno que se da debido a desequilibrios químicos, sino un conflicto inherente a un sistema que genera desigualdad. Sin embargo, los psicofármacos atados a diagnósticos y los mensajes motivacionales acaban no solo por privatizar el malestar, sino que además castigan que podamos sentir ira, furia, tristeza, desidia o ansiedad ante un sistema que genera estas emociones.

Contra la concreción

Pienso mucho en esto de tener que nombrar lo que nos pasa. Entiendo la necesidad de comunicarnos,

no ponerla en el centro sería un error. Pero me pre-
ocupa la centralidad del lenguaje a la hora de transmitir emociones o estados de ánimo.

*

Pienso mucho también en *Can't help mylsef*, en la
tristeza que me provocaba aquel brazo robótico
triste que ya no podía recoger con bailecitos su
líquido tecnosanguíneo.

*

Pienso también, y mucho, en el DSM, en mis amigas
y sus diagnósticos y en mi huida de aquellos gabine-
tes médicos que buscan etiquetarme y llenarme de
recetas la cartera.

*

Pienso y siento mucho y me cuestiono mucho más
cómo sacar esas cosas de mí para contárselas a
alguien.

*

Creo fervientemente que, cuando tengo tiempo, es
decir, cuando no estoy trabajando, paso mucho rato

con mis amigas y tampoco tengo la necesidad de explicar con palabras mi estado de ánimo porque ven si mis movimientos revolotean y son danzarines o si, por el contrario, más que un *rebecu* parezco un oso hibernado al que le cuesta salir de casa.

Creo que hay un mandado de la transparencia que trae consigo un mandato de la concreción. Es como que no hay espacio para la comunicación no verbal, para la comunicación que necesita tiempo porque no se guía con palabras. Creo que esta transparencia y esta concreción se juntan en lo que ahora se llama funcionalidad. Cuánto menos tiempo pasemos pensando en cómo o qué sentimos, más tiempo tendremos para aquellas cosas que nos quieren haciendo: consumir y producir.

Afectada: Marta Echaves

Abrir un agujero de potencias contradictorias e insospechadas

Si te lo preguntan, diles que estamos huyendo.

Fred Moten y Stefano Harney

Tu texto me afecta. Me afecta cómo nos cuentas que el trabajo arrebata la vitalidad y nos confiesas que hace ya tiempo que no tienes ganas de salir a bailar. Yo a veces siento que, solo en la pista de baile, la euforia, el exceso y la disociación me devuelven la vitalidad que el trabajo me ha expropiado.

Como trabajadora cultural autónoma, mi rutina laboral (y la de tantas otras) se caracteriza por mandar *mails*, tener reuniones, organizar y producir eventos, negociar con instituciones y otros agentes del sector, asesorar y acompañar a otros trabajadores culturales, dar clases, investigar, escribir... Sin horarios fijos, sin oficina, teniendo que viajar con frecuencia a diferentes ciudades, manejando una heterogeneidad de contenidos, perfeccionando el *multitasking*, domesticando mis habilidades sociales y comunicativas para ser la *mejor profesional*. Suelo tender al caos, pero habito un caos que a mi manera ordeno. Dirán que tengo un tipo de inteligencia multifocal y que mi atención es de las que se denomina dividida, por eso muchas veces me encuentro haciendo varias tareas en paralelo, y empiezo una sin haber terminado antes la anterior. Me acelero con facilidad, y a mi cerebro le cuesta aminorar el ritmo y acallar las voces una vez la jornada ya ha terminado. Padezco un agotamiento que se confunde con la hiperexcitación y la sobreestimulación. A veces no siento que esté cansada, sino que acabo de trabajar totalmente hiperactiva. Llega la noche y me cuesta relajarme. La sobreexposición que siento cuando por motivos laborales tengo que socializar con gente que apenas conozco, o cuando participo en alguna actividad pública en la que tengo que hablar delante de muchas personas, suele sumergirme en un estado de confusión y desafección. Como si mi propia personalidad se hubiera pasado de rosca, y estuviera vaciada de mí, sin saber muy bien lo que siento. En esas situaciones no me suelen dar ganas de retirarme e irme a casa, descansar y estar conmigo misma. Más bien tengo ganas de estar con mis amigas (aunque ande medio disociada y me cueste seguir el hilo de todas las conversaciones), de tomarme unas cervezas, de salir a desparramar para reconectar bailando con mis emociones y mi cuerpo entre el humo y las luces del club. La hiperdemanda del trabajo se transforma en un baile feroz y naif, no lo vivo como un *reset* o un *blackout*, sino como una reorganización hacia el exceso de mis energías electrificadas y mi interioridad opacada.

Mckenzie Wark también confiesa que las *raves* la liberan del trabajo alienado, «el *techno* saca a golpes toda la mierda que habita en mi cerebro, liberándolo de preocupaciones irritantes sobre *mails* no enviados. El daño físico de ciertos trabajos cognitivos y afectivos puede ser temporariamente reparado en la pista de baile».[*] Sé que estoy haciendo trampas, y Wark también, porque una línea después de la confesión que acabo de citar asegura que ninguna *rave* puede escapar de la que ella bautiza como «extracción de estilo», tan solo podrá ofrecernos momentos parciales que huyan de la lógica de comodificación y del imperativo de la productividad. Es muy probable que nosotras en la pista de baile sigamos trabajando. No es solo que el ocio nocturno se haya vuelto una importante industria que factura grandes cantidades

---

[*] Wark, Mckenzie. *Raving*. Buenos Aires: Caja Negra, 2023, 105.

de dinero, todo un entramado tentacular de mercantilización y consumo global que se expande como un vórtice de gentrificación y turistificación destruyendo nuestras ciudades. Sino que mientras bailamos, amamos y nos drogamos, todos nuestros gestos, deseos, afectos, toda nuestra socialidad, complicidad y anhelos de pertenencia, son puestos a trabajar y son capturados. «No solo la mayor parte de los trabajos implican la alienación de todo el trabajo que hacen tu corazón, tu espíritu, y tu cuerpo; lo mismo sucede con las (pocas) horas de ocio. Se espera que estés tuiteando o usando Instagram y básicamente vendiendo cada aspecto de tu ser».[*] Ahora que el tiempo del ocio parece indistinguible del tiempo del trabajo, hay profesiones que te obligan a salir de fiesta. Hay quienes por no participar de las aventuras nocturnas quedan excluidos de sus propios circuitos profesionales, hay quien sale de fiesta solo para dejarse ver en el club de moda o en la fiesta que organiza el colectivo *trendy* del momento, hay quienes en vez de bailar se pasan toda la noche en la pista hablando de su trabajo o haciendo *networking*. Además, sabemos que no todo el mundo tiene el privilegio de poder salir de fiesta de noche: por condiciones materiales, por cuidados, por trabajar en el turno nocturno, por

---

[*] Wark, Mckenzie. *Raving*. Buenos Aires: Caja Negra, 2023, 103.

condiciones de salud, por el peligro de sufrir algún tipo de agresión.

Cuando Mark Fisher acuña el concepto hedonismo depresivo o hauntología festiva se refiere a la gama de afectos tristes que caracterizan la subjetividad contemporánea aunque esté de fiesta. La diversión obligatoria congela la sonrisa de nuestros rostros mientras bailamos fingiendo entusiasmo. «Pensar en la tristeza que me produce *salir a bailar* y en cómo la idea de esforzarse en *la pista de baile* para que todo vaya algo mejor no es más que una condena de optimismo cruel».* *Haz como que te lo estás pasando genial, baila apasionadamente, aunque estés muerta de cansancio y hecha añicos por dentro. Mira a tu alrededor, está siendo una noche increíble, hay muy buen ambiente, mira esas chicas qué estilo tienen, me encanta cómo visten y cómo se mueven.* Pero en el fondo seguro que, como Alicia, las personas que están a tu alrededor en la pista tienen pocas ganas de salir a bailar. Lo hacen por la inercia del fin de semana, por compromisos sociales, por sacarse un ratito de sus cuerpos el aburrimiento y la pesadez de sus rutinas de trabajo. Mckenzie Wark distingue a los *ravers* de los *coworkers*, es decir, quienes

---

* Marta Echaves parafrasea aquí una cita que Alicia Valdés incluye en la página 196 de este libro.

realmente necesitan la *rave* y quienes viven la fiesta como un mero esparcimiento fuera del tiempo de trabajo: «Muy probablemente exhiban un exceso de entusiasmo. Les contarán a otros *coworkers* sus historias de la *rave* el lunes a la mañana».* Pero ¿qué quiere decir necesitar la *rave*?, ¿cómo desearla más allá del hedonismo depresivo y del *continuum* productividad-ocio-trabajo? Propongo abrazar la posibilidad de que salir a bailar de noche no sea una mera práctica de reparación, o una *performance* de divertimento, sino que, según sus modos e infraestructuras, puede llegar a vislumbrar posibilidades de transformación precisamente a través de la pulsión por salirnos de nosotros mismos. Y no creo que tengamos que percibir este desplazamiento y desposesión del yo como algo simplemente autodestructivo. Diría que tiene que ver con abrir un agujero de potencias contradictorias e insospechadas.

Desear estados alterados de conciencia, sea perdiéndote entre la música y los movimientos de tu cuerpo en una colectividad anónima, sea gracias a tecnologías interiores como son las drogas, sea ejercitando otras prácticas de transformación y elevación de la conciencia, puede ir más allá de la reparación del

---

* Wark, Mckenzie. *Raving*. Buenos Aires: Caja Negra, 2023, 142.

daño del trabajo desvitalizador y precarizador. Quizás en su desmesura pueden movilizar otros afectos y estrategias: suspender momentáneamente el Yo-individual, habitar otro espacio y tiempo, instalarnos en la inmanencia, cansar nuestros cuerpos porque sí, y desgastarnos hasta dejar de ser funcionales por el propio placer de bailar. «Trabajo puro e inútil; expulsando a destajo el excedente del mundo del modo menos dañino que hemos podido crear de forma conjunta».* Para Wark la *rave* también es ese trabajo físico que es puro gasto, una fuerza productiva descarrilada y desaprovechada. El cuerpo y su vitalidad como recurso para el trabajo del que se extrae plusvalía en esta ocasión no se transforman en nada, se autoboicotea en su voluntad de volverse un excedente; «sobre todo se trata de un trabajo de trituración, el cuerpo haciéndose polvo con el sonido, la luz, pura inmanencia».** Entonces, bailar en la noche no es solo lo otro del trabajo, ni es solo trabajo, ni tampoco siempre tiene por qué ser capturado por la extracción de estilo. Hay un destello de experiencia en la que se desdibujan nuestros contornos y dejamos de ser una fuente inagotable de extracción. Y cuando somos capaces de imprimir

---

* Wark, Mckenzie. *Raving*. Buenos Aires: Caja Negra, 2023, 44.

** *Idem*, 21

en nuestros cuerpos esa experiencia, aprendemos y encarnamos estrategias de fuga* y estados de desposesión. Jeremy Gilbert dialoga con el Fisher del comunismo ácido y plantea que hay usos del baile y la noche que pueden ser entendidos como tecnologías del no-Yo,** una suerte de mística materialista que posibilita sumergirnos en experiencias de conciencia colectiva que desplazarían nuestra percepción de ser

---

* «¿Puede este estar juntos en esta condición de vagabundos, este intractuar del rechazo de lo que ha sido rechazado, este no lugar abajocomún yuxtapuesto, ser un lugar del que emerge no la autoconsciencia ni el conocimiento del otro, sino una improvisación que procede de algún lugar al otro lado de una pregunta que no ha sido formulada?». Harney, Stefano y Moten, Fred. *Los abajocomunes. Planear fugitivo y estudio negro.* Versión digital. México: La Campechana Mental Rancho Electrónico, 2017, 144.

** «Lo que es evidente es que estas colecciones de técnicas físicas y psicológicas tienen un cierto potencial, cuyos efectos sociales dependen de sus modos específicos de uso. [...] Por ahora digamos que estoy afirmando que el yoga y las discotecas podrían ser tecnologías radicales útiles, si se usan correctamente. Y no sé exactamente qué significaría aquí "correctamente", pero invito a todos a tratar de averiguarlo. Y cualquier socialismo del siglo XXI, o cualquier "comunismo ácido", debería tener entre sus objetivos hacer llegar el yoga y las discotecas a todos... a todos los que así lo deseen, claro está». «Socialismo psicodélico. Segunda parte», en Caja Negra, 2022.

eminentemente individualidades cercadas y atomizadas, conciencias inmutables, almas al trabajo.

Cuando salgo a bailar después de días intensos de trabajo en los que percibo que mi vitalidad me ha sido expropiada y que no tengo tiempo para otra cosa que no sea trabajar, siento como si los mismos afectos y energías que antes habían sido capturados por el trabajo cognitivo y afectivo, en una suerte de flujo continuo e infinito, se transformaran radicalmente, precisamente por ser empujados hacia su exceso. Una suerte de «aceleracionismo» de los afectos donde lo que hacemos es aumentar al máximo las revoluciones de aquello que nos «hace mal» y que vivimos en la noche y la fiesta: desinhibirnos, disociarnos, drogarnos, querer salir de nosotros mismos, perder el control, socializar con desconocidos, disolvernos en una colectividad amorfa, agotarnos físicamente...

> Si algo es bueno, nos hace sentir bien; si algo es malo, nos hace sentir mal.* Esta afirmación por parte de una nueva pseudociencia más cercana a las agendas anuales motivacionales que a la realidad cotidiana puede chirriarnos a muchas. Una de las razones es que las categorizaciones entre lo bueno y lo malo se establecen a través de juicios

---

* Marta Echaves parafrasea aquí una cita que Alicia Valdés incluye en la página 198 de este libro.

morales que terminan por imponer como única forma válida aquella que ha sido sancionada por los agentes que ostentan el poder. Es decir, lo que es bueno para ti lo decide el que tiene dinero, estatus y propiedades. Otra de las razones es que, aun estableciendo de manera consensuada qué es bueno y qué es malo, encontramos muchas cosas que no son buenas pero que nos hacen sentir bien en cuanto que nos generan satisfacción.

Quizás podríamos jugar e interpretar que lo que no nos hace bien, e incluso lo patológico, es la ficción de la individualidad, la cultura del trabajo y el imperativo de la buena salud en un régimen de felicidad obligatoria y morbilidad administrada. Si estamos ya muertos en vida, desvitalizados, atados a complementos farmacológicos, entonces ciertos afectos y conductas que suelen ser leídas como autodestructivas pasarían a convertirse en una suerte de prácticas de destrucción creadora, de disociación resociativa,* de aniquilación del Yo precisamente para que pueda transformarse en una conciencia colectiva radicalmente otra. Aunque estemos quebrados,

---

* «Quisiera recuperar al menos algunos tipos de disociación del lenguaje de los psiquiatras. Quisiera encontrar modos en que esta discapacidad pueda volverse capacitante. Una manera de descubrir cosas sobre el mundo». Wark, Mckenzie. *Raving*. Buenos Aires: Caja Negra, 2023, 24.

o precisamente porque estamos quebrados. «Que el régimen de hábitos moldeados por el trabajo, el consumo, la familia y la policía también mata siempre lo hemos sabido [...] aquello que no nos mata va a seguir matándonos, pero podemos hacer que nos haga bailar a su ritmo por un rato, para que satisfaga nuestras necesidades y nuestro placer».* Porque, ¿quién decide cómo tenemos que cuidarnos?, ¿qué nos intoxica?, ¿qué conductas son definidas como dañinas y patológicas?, ¿qué formas de vida condenamos?, ¿qué nos está matando lentamente?

Me doy cuenta de que cuando me siento a escribir acerca de los afectos, es tal el reto que solo soy capaz de pensar desde la provocación. Creo que uno de los grandes problemas que atravesamos en esta época, como también dices tú, Alicia, es la atrofia de nuestros imaginarios a la hora de expresar y organizar nuestras realidades afectivas. Bailar hasta el agotamiento, o consumir sustancias para salirnos de nosotras mismas, si no se inscribe en una ecología cultural-política alternativa y se vive desde la colectividad, sabemos que puede ser muy útil para el realismo capitalista. Sé que el aceleracionismo afectivo (como una suerte de llamada a la desarticulación de la jerarquía moralizante que organiza nuestros ima-

* Wark, Mckenzie. *Raving.* Buenos Aires: Caja Negra, 2023, 51.

ginarios de la buena vida) tiene muchas limitaciones y es potencialmente peligroso. Los mismos Deleuze y Guattari nos ponen sobre aviso cuando escriben acerca del cuerpo sin órganos en *Mil mesetas*: cuidado con la total desterritorialización. Pero, la desvitalización que nos produce el imperativo del productivismo en relación al trabajo y al cuidado de nosotras mismas tiene que ser transformada en otra cosa, en una agencia más allá del agotamiento, el insomnio y la ansiedad. Como nos enseñan Fred Moten y Stefano Harney, la práctica de una libertad radical está en la invención de cada manera de escapar. Pero no entendamos esta huida como una mera salida, sino como una negación a reconciliarse con las modalidades del orden. Por eso cuando el trabajo me deja agotada, me gusta practicar una suerte de alquimia en la que mi desfallecimiento se vuelve energía descarrilándose, tanteando la ruta para alcanzar otra cosa. Probablemente esa otra cosa sea algo inútil, y seguro que no me haga precisamente bien. Pero si nosotras simplemente viviendo ya estamos reproduciendo las condiciones para que la necromaquinaria capitalista, que explota y extrae plusvalía de toda fuerza, física y anímica, humana y no humana, continúe y continúe... quizás solo agujereando parte de nosotras mismas podamos abrir un hueco, quizás solo quebrándonos podamos persistir en el desafío de no querer más una vida así.

Bibliografía

Notas para una teoría sobre los afectos

Ahmed, Sara. *La política cultural de las emociones.* 2.ª ed. Mexico, D.F.: Universidad Nacional Autónoma de México, 2014.

Bordo, Susan. «The Cartesian Masculinization of Thought», en *Signs* 11, núm. 3, 1986, 439-56.

Butler, Judith. *El género en disputa: el feminismo y la subversión de la identidad.* 1.ª ed. 12.ª reimp. Barcelona: Paidós, 2020.

Butler, Judith y Fraser, Nancy. *¿Redistribución o reconocimiento?: un debate entre marxismo y feminismo.* Madrid: Traficantes de Sueños, 2016.

Cvetkovich, Ann. *Depression: A Public Feeling.* Durham, NC: Duke University Press, 2012.

Grosz, Elizabeth. *Volatile Bodies: Toward a Corporeal Feminism.* Indiana, Indiana University Press, 1994.

Hacia el realismo especulativo: ensayos y conferencias. 1.ª ed., 1.ª reimp. Buenos Aires: Caja Negra Editora, 2019.

Massumi, Brian. *Parables for the Virtual: Movement, Affect, Sensation.* Durham, London: Duke University Press, 2021.

Merchant, Carolyn. *La muerte de la naturaleza: mujeres, ecología y revolución científica*. Granada: Comares, 2020.

Ramnath, Maia. «Non-Western Anarchisms and Postcolonialism», en *The Palgrave Handbook of Anarchism*. Levy, Carl y S. Adams, Matthew (eds.). Cham: Springer International Publishing, 2019, 677-95.

Ruiz Trejo, Marisa. «Aproximaciones a los estudios críticos feministas de las ciencias sociales en México y Centroamérica», en *Revista Clepsydra* 15, 2006, 11-33.

Viveiros de Castro, Eduardo. *La mirada del jaguar: introducción al perspectivismo amerindio; entrevistas*. 1.ª ed. Buenos Aires: Tinta Limón, 2014.

Capítulo 1

Anzaldúa, Gloria. *Light in the Dark/Luz en lo oscuro: Rewriting Identity, Spirituality, Reality*. Duke, NY: University Press, 2015.

Bost, Suzanne. *Encarnacion: Illness and Body Politics in Chicana Feminist Literature*. NY: Fordham University Press, 2010.

Braidotti, Rosi. «The Virtual as Affirmative Praxis: A Neo-Materialist Approach», en *Humanities* 11, 2022, 62.

Dufourmantelle, Anne. *Potencia de la dulzura*. Buenos Aires: Noctura Editora, 2022.

Vivancos Pérez, Ricardo F. *Radical Chicana Poetics*. New York: Palgrave Macmillan, 2013.

Grosz, Elizabeth. *Volatile Bodies: Toward a Corporeal Feminism*. Indiana: Indiana University Press, 1994.

Haraway, Donna J. *Seguir con el problema. Generar parentesco en el Chthuluceno*, trad. de Helen Torres. Bilbao: Consonni, 2020.

Maillard, Chantal. *La creación por la metáfora: introducción a la razón-poética*. Barcelona: Anthropos, 1992.

Marçal, Maria-Mercè. *Diré tu cuerpo*, trad. de Noelia Díaz Vicedo. Barcelona: Ultramarinos, 2020.

McRuer, Robert. *Queer Theory: Cultural Signs of Queerness and Disability*. Taylor & Francis, 2008.

Moraga, Cherríe y Anzaldúa, Gloria. *This Bridge Called My Back: Writings by Radical Women of Color*. Suny Press, 2022.

Rich, Adrienne. *El sueño de una lengua común*, trad. de Patricia Gonzalo de Jesús. Barcelona: Sexto Piso, 2019.

Shildrick, Margrit. *Dangerous Discourses of Disability, Subjectivity and Sexuality*. London: Palgrave Macmillan, 2009.

Wittig, Monique. *El pensamiento heterosexual y otros ensayos*, trad. de Javier Sáez y Paco Vidarte. Barcelona: Ediciones Paidós, 2024.

Capítulo 2

Ahmed, Sara. *La promesa de la felicidad*. Buenos Aires: Caja Negra, 2021.

Berardi, Franco «Bifo». *Desertemos*, trad. de Darío Bursztyn. Buenos Aires: Prometeo, 2024.

Berardi, Franco «Bifo». *El tercer inconsciente*, trad. de Tadeo Lima. Buenos Aires: Caja Negra, 2022.

Berlant, Lauren. *El optimismo cruel*. Buenos Aires: Caja Negra, 2020.

Butler, Judith. *The Force of Nonviolence. An Ethico-Political Bind*. Nueva York: Verso, 2020.

Cabanas, Edgar e Illouz, Eva. *Happycracia. Cómo la ciencia y la industria de la felicidad controlan nuestras vidas*. Barcelona: Paidós, 2019.

Cvetkovich, Ann. *Depression: A Public Feeling*. Durham: Duke University Press, 2012.

Debord, Guy. *La sociedad del espectáculo*, trad. de José Luis Pardo. Valencia: Pre-Textos, 2005.

Deleuze, Gilles. «Postscript on the Societies of Control», en *JSTOR* 59, 1992, 3-7.

Espluga, Eudald. *No seas tú mismo: Apuntes sobre una generación fatigada*. Barcelona: Paidós, 2021.

Federici, Silvia. *Ir más allá de la piel. Repensar, rehacer y reivindicar el cuerpo en el capitalismo contemporáneo*. Madrid: Traficantes de Sueños, 2022.

Fernández-Savater, Amador. *Capitalismo libidinal. Antropología neoliberal, políticas del deseo y dere-*

chización del malestar. Barcelona: NED Ediciones, 2024.

Fisher, Mark. *Deseo postcapitalista*, trad. de Maximiliano Gonnet. Buenos Aires: Caja Negra, 2024.

Fisher, Mark. *K-Punk – Volumen 2. Escritos reunidos e inéditos (Música y política)*. Buenos Aires: Caja Negra, 2020.

Fisher, Mark. *Los fantasmas de mi vida. Escritos sobre depresión, hauntología y futuros perdidos*. Buenos Aires: Caja Negra, 2018.

Fisher, Mark. *Realismo capitalista. ¿No hay alternativa?*, trad. de Claudio Iglesias. Buenos Aires: Caja Negra, 2016.

Foucault, Michel. *Nacimiento de la biopolítica: curso del Collège de France, (1978-1979)*. Madrid: Akal, 2016.

Fujita Hirose, Jun. *¿Cómo imponer un límite absoluto al capitalismo? Filosofía política de Deleuze y Guattari*. Buenos Aires: Tinta Limón, 2021.

Gago, Verónica. *La potencia feminista. O el deseo de cambiarlo todo*. Buenos Aires: Tinta Limón, 2019.

Han, Byung-Chul. *La sociedad del cansancio*. Barcelona: Herder, 2012.

Hong, Renyi. *Passionate Work. Endurance after the Good Life*. Durham: Duke University Press, 2022.

Honig, Bonnie. *A Feminist Theory of Refusal*. Harvard University Press, 2021.

Illouz, Eva. *Intimidades congeladas: las emociones en el capitalismo*. Buenos Aires: Katz, 2007.

Lapoujade, David. *El cuerpo que no aguanta más. Nietzsche y Deleuze*, trad. de Marcela Rivera. Santiago de Chile: Luciole Ediciones, 2024.

Laval, Christian y Dardot, Pierre. *La nueva razón del mundo. Ensayo sobre la sociedad neoliberal*. Barcelona: Gedisa, 2013.

Lipovetsky, Gilles. *L'ère du vide: essais sur l'individualisme contemporain*. París: Gallimard, 1990.

Lyotard, Jean-François. *Économie libidinal*. París: Minuit, 2015.

Marx, Karl. *El capital. Antología*, trad. de Manuel Sacristán; edición, selección y notas de César Rendueles. Madrid: Alianza, 2018.

Plan C. «We are all very anxious», en weareplanc.org, 4 de abril de 2014.

Quintana, Laura. *Rabia. Afectos, violencia, inmunidad*. Barcelona: Herder, 2021.

Rolnik, Suely. *Esferas de insurrección*. Buenos Aires: Tinta Limón, 2019.

Sloterdijk, Peter. *Estrés y libertad*, trad. de Paula Kuffer. Buenos Aires: Godot, 2011.

Taylor, Dan. «Affects of Resistance. Indignation, Emulation, Fellowship», en *Pli* 30, 2019, 23-48.

Valdés, Alicia. *Política del malestar*. Barcelona: Debate, 2024.

Valls Boix, Juan Evaristo. *Suely Rolnik. Descolonizar el inconsciente*. Barcelona: Herder, 2024.

Valls Boix, Juan Evaristo. *Metafísica de la pereza*. Barcelona: NED Ediciones, 2022.

Virno, Paolo. *Sobre la impotencia. La vida en la era de su parálisis frenética*, trad. de Emilio Sadier. Buenos Aires: Tinta Limón, 2021.

Zafra, Remedios. *El entusiasmo*. Barcelona: Anagrama, 2017.

Capítulo 3

Ahmed, Sara. *Vivir una vida feminista*. Barcelona: Bellaterra, 2018.

Berlant, Laurent. *On the Inconvenience of Other People*. Duke University Press, 2022.

Chiricosta, Alessandra. *Contra el mito de la fuerza. Autodefensa en clave feminista*. Buenos Aires: Tinta Limón, 2023.

flores, val. *Romper el corazón del mundo. Modos fugitivos de hacer teoría*. Madrid: Continta Me Tienes, 2021.

Foucault, Michel. *Microfísica del poder*. Buenos Aires: Siglo Veintiuno Editores Argentina, 2019.

Gómez Gabriel, Nuria. *Las malas*. Madrid: Fundación Montemadrid, 2022.

Hamaca i Macaya, Laura. *Conflicto no es lo mismo que abuso*. Barcelona: La Escocesa, 2023.

Mombaça, Jota. *No nos matarán ahora*. Buenos Aires: Caja Negra, 2024.

Ojeda, Mónica. *Historia de la leche*. Barcelona: Cendaya S.L., 2020.

Salgado, María. «Un yo es un oído», en *Contar es escuchar*. Madrid: La Casa Encendida, 19 de octubre de 2021.

Shakespeare, William. *Macbeth*. Acto 1, escena 5. Washington: Folger Shakespeare Library.

Wark, Mckenzie. *Raving*. Buenos Aires: Caja Negra, 2023

Wark, Mckenzie. «Trampa metafísica», en *Revista Jennifer*, 2021.

Capítulo 4

Ahmed, Sara. *La política cultural de las emociones*. 2.ª ed. México, D.F.: Universidad Nacional Autónoma de México, 2014.

———. *La promesa de la felicidad: una crítica cultural al imperativo de la alegría*. Buenos Aires: Caja Negra, 2021.

Angel, Katherine. *El buen sexo mañana. Mujer y deseo en la era del consentimiento*. Alpha Decay, 2021

Berlant, Lauren. *El optimismo cruel*. Caja Negra, 2020.

Freud, Sigmund. *Obras completas. Publicaciones prepsicoanalíticas y manuscritos inéditos en vida de Freud (1886-1899) / Sigmund Freud*, 2. Buenos Aires: Amorrortu Editores, 2007.

Gotzsche, Peter. *Psicofármacos que matan y denegación organizada*. Malpaso Ediciones, 2021.

Iuale, Lujan (ed.). *Disrupción de los afectos en la clínica y en la época*. Buenos Aires: JCE Ediciones, 2020.

Lorde, Audre y Sánchez, Sonia. *A Burst of Light: And Other Essays*. Garden City, New York: Ixia Press, 2017.

Massumi, Brian. *Parables for the Virtual: Movement, Affect, Sensation*. Post-Contemporary Interventions. Durham, London: Duke University Press, 2021.

Rendueles, Guillermo. *Las falsas promesas psiquiátricas*. 2.ª ed. Madrid: La Linterna Sorda, 2017.

Serra, Clara. *El sentido de consentir*. 1.ª ed. Nuevos Cuadernos Anagrama, 67. Barcelona: Editorial Anagrama, 2024.

Serra, Clara; Macaya, Laura; Garaizábal, Cristina y Pineda, Empar (eds.). *Alianzas rebeldes: un feminismo más allá de la identidad*. Serie general universitaria 263. Barcelona: Bellaterra Edicions, 2021.

Whitaker, Robert. *Mad in America: Bad Science, Bad Medicine, and the Enduring Mistreatment of the Mentally Ill*. Basic Books, 2001.

Whitaker, Robert y Cosgrove, Lisa. *La psiquiatría bajo sospechas*. Ediciones Psara, 2024.

Colección La pasión de Mary Read